ফয়েজ আহমেদ ফয়েজের

নির্বাচিত কবিতার বাংলা অনুবাদ

সুপর্ণা মজুমদার

প্রচ্ছদ : শ্রী দেবব্রত মুখার্জী

ISBN 979-8-88704-876-5

উৎসর্গ

শ্রীমতি সুজাতা বিশ্বাসের পুণ্য-স্মৃতির উদ্দেশ্যে –

যিনি আমাকে ফয়েজ আহমেদ ফয়েজের কবিতার সঙ্গে পরিচয়
করিয়ে দিয়েছিলেন

কৃতজ্ঞতা স্বীকার

অনুবাদের কাজ শুরু হয়েছিল আমার নির্জন একাকী পথের যাত্রা দিয়ে। কিন্তু যখন ঠিক করলাম এই অনুবাদ বাঙালির কাছে পৌঁছে দেওয়ার জন্য বই হিসাবে প্রকাশ করা দরকার, তখন থেকে উপযুক্ত প্রকাশক খোঁজা শুরু হল। সে কাজ আমার মত অনভিজ্ঞ লেখকের পক্ষে বড় সহজ হয়নি। অনেক বিনিদ্র রাত এবং উদ্বেগের মধ্যে দিন গেছে। সেই সময় আমার ঘরের মানুষটি, শিখরেশ মজুমদার – আমার পাশে দাঁড়িয়েছেন, সাহস যুগিয়েছেন এবং ধৈর্য রাখতে সাহায্য করেছেন। আমি তাঁর কাছে কৃতজ্ঞ।

আমি ধন্যবাদ জানাতে চাই ডঃ সুভাষ বিশ্বাসকে। তিনি একজন অভিজ্ঞ লেখক হওয়াতে বই প্রকাশনার বিষয়ে আমাকে নানা পরামর্শ দিয়ে সাহায্য করেছেন।

আর আরও ধন্যবাদ জানাতে চাই ডঃ ঝর্ণা চ্যাটার্জীকে, যিনি আমার অনুবাদটি পড়েছেন, তাঁর মতামত জানিয়েছেন এবং সুন্দর একটি প্রশংসা পত্র লিখে দিয়েছেন।

সব শেষে আমি ধন্যবাদ জানাতে চাই ফয়েজ আহমেদ ফয়েজের বই এর কপি রাইটের উত্তরাধিকারিণী তাঁর দুই কন্যা Moneeza Hashmi এবং Salima Hashmi, যাঁরা "ফয়েজ ফাউন্ডেশন" (Faiz Foundation, Pakistan) এর মাধ্যমে আমাকে এই বইটি প্রকাশ করার অনুমতি দিয়েছেন।

একটি অসাধারণ কবিতার বই

অনুবাদ, কিন্তু এই কবিতাগুলির প্রতি ছত্রে কি অপূর্ব লালিত্য! চমৎকৃত হয়ে গেলাম কবিতাগুলো পড়ে। সত্যি বলতে কি, আমি যদি কবি হতাম, তবেই হয়তো আমার এই অনুভূতি যথাযথ ভাবে প্রকাশ করতে পারতাম।

এঞ্জিনীয়ারিং-পাস করা মহিলা আমাদের দেশে বা অন্য কোন দেশেই সে আমলে অগুণতি থাকত না। অথচ সেই ধরণের তথাকথিত "নীরস" বিষয় নিয়ে লেখাপড়া করেও কবিতা, সাহিত্য, শিল্পের আকাশে সুপর্ণা মজুমদারের লঘুপক্ষে স্বচ্ছন্দ বিচরণ।

সুপর্ণার লিখন-প্রতিভার বিষয়ে দু'তিন বছর আগে থেকেই জানবার সুযোগ হয়েছিল। সময় কাটানোর জন্য নিজের উৎসাহে সে মেয়েদের সুখদুঃখ, সমস্যা, সাফল্য নিয়ে একটি বাংলা পত্রিকা প্রকাশ করতে আরম্ভ করল – "সহেলি"- যেন ছবি, গল্প, কবিতা, প্রবন্ধের মধ্য দিয়ে একান্ত ব্যক্তিগত অথচ বিশ্বজনীন ভাবনা-চিন্তাগুলো মেয়েরা তাদের সঙ্গিনীদের সাথে ভাগ করে নিতে পারবে। এখন 'সহেলি' আন্তর্জাতিক পত্রিকার সন্মান অর্জন করেছে।

বাংলায় তো কথাই নেই, উর্দু ভাষাতেও যে সে কবিতা পড়ে তার সৌন্দর্য উপভোগ করতে পারে, আর সেই কবিতার বাংলা অনুবাদ করে অন্যকে তার রসাস্বাদনের আনন্দ দিতে পারে এই খবরটা মাত্র কয়েক মাস আগে জেনেছি। এখন তার সাক্ষাৎ পরিচয় পেলাম।

আমার ধারণা যাঁদের কবিতা পড়তে ভাল লাগে, তাঁরা এই অনূদিত-কবিতার সংকলনটি আমার মতই মুগ্ধ হয়ে পড়বেন।

– ডক্টর ঝর্ণা চ্যাটার্জী, ২২ মার্চ,২০২২

ভূমিকা

বাঙালি ভালোবাসে কবিতা আর উর্দু ভাষা কবিতার ভাষা। ফয়েজ় আহমেদ ফয়েজ় এর লেখা ৫০ টি কবিতা আমি উর্দু থেকে বাংলা ভাষায় অনুবাদ করেছি।

(১) নকশ়-এ-ফরিয়াদি (অভিযোগের মানচিত্র) থেকে ১৬ টি কবিতা

(২) দস্ত-এ-সবা (বাতাসের হাত) থেকে ১৮ টি কবিতা

(৩) জিন্দান়-নামা (কারাগার-নামা) থেকে ৪ টি কবিতা

(৪) দস্ত-এ-তহ়-এ-সংগ (পাথরের নীচে চাপা পড়া হাত) থেকে ১২ টি কবিতা

এই ৫০ টি কবিতা ছাড়াও আরও চারটি অপ্রকাশিত কবিতার অনুবাদ এই বইতে অন্তর্ভুক্ত করা হয়েছে।

প্রথমে উর্দু কবিতাটি বাংলা হরফে লিখেছি, যাতে উর্দু হরফ পড়তে না জানলেও মূল উর্দু ভাষায় লেখা কবিতাগুলি উপভোগ করতে অসুবিধা না হয়। অনুবাদ করবার সময় চেষ্টা করেছি কথা অনুযায়ী বাংলা লিখতে, শুধু মাত্র শুনতে ভালো লাগবে বলে কোথাও নিজের কথা বসানোর প্রচেষ্টা করিনি। বাংলা হরফে উর্দু লেখা হলেও, এখানে উর্দু উচ্চারণ সম্পর্কে একটি কথা বলা প্রয়োজন। ক, খ, গ এই বর্ণ গুলির নীচে যেখানে _ (underscore) দেওয়া আছে সেই শব্দগুলির উচ্চারণ গভীর হবে, যেন গলার ভিতর দিক থেকে আওয়াজ উঠে আসছে। আর যেখানে জ এর নীচে _ দেওয়া আছে, সেই জ় এর উচ্চারণ ইংরাজী Z এর মতো হবে।

এই বইটি আমার বহু বছরের পরিশ্রম এবং ভালোবাসার ফসল। ফয়েজ আহমেদ ফয়েজের কবিতা আমাকে বিশেষ ভাবে আকৃষ্ট করে এই কারণে যে, তাঁর কবিতা তাঁর পূর্বসূরিদের থেকে স্বতন্ত্র। ফয়েজের কবিতা গুলির প্রতিটি ছত্র থেকে ঝরে পড়ে চোখের জল, রক্ত, দীর্ঘ নিঃশ্বাস আর স্বদেশের অবহেলিত পদদলিত মানুষের প্রতি অসীম ভালোবাসা। আছে ছন্দের ব্যঞ্জনা, অপরূপ শব্দ চয়ন, দর্শন – আর আছে নির্ভীক প্রতিবাদ। ব্যক্তিগত জীবনে এই প্রতিবাদী কবিকে নিদারুণ মূল্য দিতে হয়েছে।

ফয়েজের মতো মানুষকে কোন দেশ বা কালের গণ্ডিতে বেঁধে রাখা যায়না। অবিভক্ত ভারতবর্ষে তাঁর জন্ম। সেই সময় তিনি যে অঞ্চলে থাকতেন সে জায়গাটা পড়ে গেল পাকিস্তানের ভাগে। তাই বলে কি তিনি শুধু পাকিস্তানের কবি? যখন দেশ ভাগ হলো, ভারাক্রান্ত মনে ফয়েজ লিখলেন তাঁর বিখ্যাত কবিতা –

সুবহ্-এ-আজাদী

ইয়ে দাগ দাগ উজালা ...

এই দাগ ধরা প্রভাত, এই রাতের কামড় খাওয়া প্রভাত,
সেই যার প্রতীক্ষায় ছিলাম, এতো সেই প্রভাত নয়,
এতো সেই প্রভাত নয় যার প্রার্থনা নিয়ে বন্ধু, বেরিয়ে পড়েছিলাম এই ভেবে যে কোথাও না কোথাও তার দেখা পেয়ে যাবো।

মহাত্মা গান্ধী নিহত হওয়ার পর তাঁর অন্ত্যেষ্টি ক্রিয়ায় যোগ দান করতে পাকিস্তান সরকারের প্রতিনিধি হিসাবে কেউই আসেনি। না, এসেছিলেন শুধু একজন। ফয়েজ আহমেদ ফয়েজ।

বাংলা দেশ স্বাধীন হওয়ার সময় পাকিস্তানের সেনারা যে ভাবে হত্যা কান্ড চালিয়েছিলো ফয়েজ তার প্রতিবাদে সোচ্চার হয়েছিলেন তাঁর লেখনির মাধ্যমে।

রাজনৈতিক প্রতিষ্ঠানের বিরুদ্ধে আর সারা পৃথিবীর নিপীড়িত মানুষের প্রতি সমবেদনায় তিনি চিরকাল তীর প্রতিবাদ জানিয়েছেন। একটা উদাহরণ হিসাবে এখানে উল্লেখ করি ফয়েজের "হম্ দেখেঙ্গে" কবিতাটির।

তখন জিয়া-উল্-হকের রাজত্ব। কবিতার মধ্যে ফয়েজ প্রতীক হিসাবে ব্যবহার করলেন 'কাবা' অর্থাৎ রাজনৈতিক প্রতিষ্ঠান এবং 'বুত' (মূর্তি) অর্থাৎ শাসক দল যারা ক্ষমতার অহংকারে নিজেদের সর্ব শক্তিমান ঈশ্বর বলে মনে করে।

বলেছেন —

যব অর্জ্-এ-খুদা কে কাবে সে
সব বুত উঠায়ে জায়েঙ্গে।
হম্ অহল্-এ-সফা মরদুদ-এ-হরম
মসনদ্ পে বিঠায়ে যায়েঙ্গে।

অর্থাৎ, অত্যাচারী শাসক দল যারা নিজেদের ঈশ্বর মনে করে তাদের মূর্তি তাদের আসন থেকে টেনে ফেলে ক্ষমতাহীন নিস্পাপ মানুষদের রাজাসনে প্রতিষ্ঠিত করে যাবো।

এই কবিতাটি বিশেষ ভাবে উল্লেখ করবার আরেকটি কারণ আছে। কবিতাটির এই দুটি পংক্তি নিয়ে ইদানীং অনেক সমালোচনার ঝড় বইছে। মূর্তি ফেলে দেবার কথায় অনেকের ধর্ম বিশ্বাসে আঘাত লেগেছে। যারা সমালোচনা করছেন তাঁরা ফয়েজকে চেনার চেষ্টা করেননি। কবিতাটির অন্তর্নিহিত অর্থ বোঝার চেষ্টা করেননি।

এর পরেই ফয়েজ লিখেছেন –

বস্ নাম রহেগা আল্লাহ্ কা,
যো গায়েব ভি হ্যায়, হাজির ভি,
যো মন্জ়র ভি হ্যায়, নাজ়ির ভি।

(অনুবাদ)   ঈশ্বরের নাম থেকে যাবে,
যে অদৃশ্য আবার দৃশ্যমানও,
যে নিজেই এক দৃশ্য এবং নিজেই এক দর্শক।

মনে কি হয়না এ যেন উপনিষদেরই বাণী?

তাঁর কবিতায় অবহেলিত পদদলিত মানুষের প্রতি তাঁর অসীম ভালোবাসা প্রকাশ পেয়েছে। যেমন -

"কুত্তে" কবিতাটিতে কুকুরগুলো কে সারা বিশ্বের প্রবঞ্চিত পদদলিত মানুষদের প্রতীক হিসাবে ব্যবহার করা হয়েছে। বলেছেন -

এরা যদি চায় তো দুনিয়া কে দখল করতে পারে,
এরা যদি চায় তো এদের প্রভুদের অস্থি চিবিয়ে খাবে -
কেউ যদি শুধু এদের অধঃপতন সম্পর্কে চেতনা উদ্বুদ্ধ করে,
শুধু কেউ যদি এদের ঘুমন্ত লেজ ধরে ঝাঁকিয়ে দেয়।

ফয়েজের জীবনে ঝড় ঝাপ্টা বড় কম যায়নি। বার বার তাঁকে কারারুদ্ধ করা হয়েছে। আমরা যেখানে সাজানো গোছানো ঘরে বসে এ সি টা কেন ভালো করে চলছেনা বলে অভিযোগ করি, সেখানে জেলে বন্দী থাকা-কালীন প্রতিনিয়ত মৃত্যুদণ্ডের আশঙ্কায় শঙ্কিত অবস্থাতেও ফয়েজ কতকগুলি অনবদ্য কবিতার সৃষ্টি করেছেন।

মানুষ মানুষীর প্রেম উত্তীর্ণ হয়ে মিশে গেছে দেশপ্রেমের সঙ্গে। অসম্ভব আশাবাদী মনোভাব নিয়ে "হম্‌দ" কবিতায় লিখেছেন-

যো তেরা হম্‌ কে ফকির হয়ে
উনকো তশ্‌উইশ-এ-রোজ়গার কহাঁ?
দর্দ বেচেঙ্গে, গীত গায়েঙ্গে -
ইস্‌ সে খুশওয়ক্ত কার-ও-বার কহাঁ?

(অনুবাদ) যারা তোমার সৌন্দর্যের ভক্ত হয়েছে,
তাদের আর উপার্জনের চিন্তা কোথায়?
দুঃখের বেসাতি করবো, গান গাইবো –
এর চাইতে আনন্দময় পেশা আর কোথায়?

'কারার ওই লৌহ কপাটে'র পিছনে বসে তিনি জীবনের জয়গান গেয়ে গেছেন। যে মাতৃভূমিকে এত ভালোবেসেছেন সেখান থেকে তাঁকে নির্বাসিত হতে হয়েছে। জীবিত অবস্থায় দেশের সরকারের কাছ থেকে লাঞ্ছনা আর অপমান ছাড়া কী পেয়েছেন? তবে মৃত্যুর পর পাকিস্তান গভর্নমেন্টের কাছ থেকে ১৯৯০ সালে তিনি মরণোত্তর "নিশান-এ-ইমতিয়াজ" পুরস্কার পেয়েছিলেন।

ভারতবর্ষে 'মুশায়েরা' করতে এসেছেন বেশ কয়েকবার। জাভেদ আখতারের মতো তরুণ কবিরা তখন দূর দূর থেকে পায়ে হেঁটে আসতেন ফয়েজের স্বকণ্ঠে কবিতা আবৃতি শুনতে। সভাগৃহে তিল ধারণের জায়গা থাকতোনা। ভারতেও এতটাই জনপ্রিয় ছিলেন তিনি।

বহু বছর আগে যাদবপুরে এঞ্জিনিয়ারিং পড়বার সময় ছাত্র অবস্থায় রামকৃষ্ণ মিশনে উর্দু ভাষা লিখতে এবং পড়তে শিখেছিলাম। তার পর হঠাৎ একদিন ফয়েজ আহমেদ এর কবিতার বই হাতে এলো। আমি উর্দুর ভক্ত শুনে আমার এক প্রিয় বন্ধুর মা, শ্রীমতি সুজাতা বিশ্বাস, ভিক্টর কিয়েরন্যান এর অনূদিত বইটি আমাকে পড়তে দিলেন। এতটাই মুগ্ধ হয়েছিলাম যে ভাষায় প্রকাশ করার নয়। এমনিতেই উর্দুর ভক্ত, তার উপরে ফয়েজের ছন্দোময় অথচ জোরালো

কবিতা। সেই সময় আমার বিয়ে হল, সংসারের কাজে লাগে এমন সব নানান জিনিষপত্র নিয়ে ব্যাঙ্গালোরে চলে গেলাম। তবু সঙ্গে রইলো ফয়েজের বইটি। আর ছিলো একটি Urdu to English dictionary। নতুন শহরে এসে চাকরিতে যোগ দেবার আগে তিন চার মাস বাড়িতে একা। তখন অনুবাদের কাজ শুরু করলাম।

অনেক বছর আগে করা এই অনুবাদ। এর মধ্যে বহুবার বাসা শহর বদল, দেশ বদল। খাতাটি কখনো হারিয়ে যায় আবার কখনো বা খুঁজে পাই। যখন কম্পিউটারে বাংলা হরফে লিখতে শিখলাম তখন একসময় সেই জরাজীর্ণ হলুদ হয়ে যাওয়া ঝুরঝুরে খাতাটি খুঁজে বের করে টাইপ করতে শুরু করলাম। গুরুতর ভাবে অসুস্থ হয়ে পড়ে কাজ থেকে অবসর নিতে বাধ্য হওয়াতে হাতে তখন অনেক সময়।

তারপর ভাবলাম এই অনুবাদ বই হিসাবে প্রকাশ করবো। উদ্দেশ্য একটাই – বাঙালির কাছে ফয়েজকে পৌঁছে দেওয়া।

সূচীপত্র

ফয়েজ আহমেদ ফয়েজের চারটি কবিতার বই থেকে ৫০ টি কবিতা বাংলায় অনুবাদ করা হয়েছে।

এছাড়া আরও চারটি অপ্রকাশিত কবিতার অনুবাদ এই বইতে অন্তর্ভুক্ত করা হয়েছে।

ফয়েজ আহমেদ ফয়েজ সম্পর্কে দু চার কথা

ফয়েজ আহমেদ ফয়েজ – পকিস্তানের প্রবাদ-প্রতিম কবি। অবিভক্ত ভারতবর্ষে ১৯১১ সালে ১৩ই ফেব্রুয়ারী, শিয়ালকোটে এক সম্ভ্রান্ত এবং শিক্ষিত পরিবারে তাঁর জন্ম। বাবা সুলতান মহম্মদ খান তৎকলীন ব্রিটীশ গভর্নমেন্টের অধীনে ব্যারিস্টার ছিলেন। ফয়েজের লেখা, তাঁর চিন্তাধারা, তাঁর জীবনকে বুঝতে গেলে তার বাবা সুলতান মহম্মদ, তাঁকে কি ধরনের শিক্ষা ব্যবস্থার মধ্য দিয়ে গড়ে তুলেছিলেন তা বোঝা প্রয়োজন।

ফয়েজ এক রক্ষণশীল মুসলমান পরিবারে জন্মগ্রহণ করেন এবং তাঁর পরিবারের ধর্ম-নিরপেক্ষ ঐতিহ্যবাহী ইসলাম প্রথায় বড় হয়েছিলেন। জীবনের প্রথম ভাগে তিনি রক্ষণশীল প্রথায় আরবী, ফারসী, উর্দু এবং কোরান পড়লেও, পরে তাঁর বাবা চেয়েছিলেন ছেলে যেন বিখ্যাত শিক্ষাবিদ স্যার সৈয়দ আহমাদ খান এর পদাঙ্ক অনুসরণ করেন। বাবার ইচ্ছায় প্রথমে ফয়েজ Scotch Mission School এ, আর ম্যাট্রিক এর পরে Murray College এ Intermediate এ ভর্তি হন। ১৯২৬ সালে তিনি লাহোরে Government College

University (GCU) তে Language and Fine Arts department এ বিশেষ ভাবে ইংরাজি এবং দর্শন নিয়ে পড়াশোনা শুরু করেন। এখানেই তিনি আরবী ভাষার শিক্ষক প্রফেসর মীর হাসান এবং প্রফেসর শামসুল আল্লাম এর সংস্পর্শে আসেন। আরবী ভাষায় অনার্স নিয়ে B.A. পাস করার পর, ফয়েজ ১৯৩০ সালে GCU তেই M.A. তে ভর্তি হন এবং ১৯৩২ সালে ইংরাজি সাহিত্য নিয়ে পাস করেন। আর সেই বছরেই পাঞ্জাব ইউনিভার্সিটির Oriental College থেকে আরবী সাহিত্যে স্নাতকোত্তর ডিগ্রি পান।

ছাত্র অবস্থায় থাকাকালীন ফয়েজ প্রথ্যাত কমিউনিস্ট নেতা এম.এন. রায় এবং মুজফ্ফর আহমেদ এর সংস্পর্শে আসেন এবং এঁদের দ্বারা প্রভাবিত হয়ে, কমিউনিস্ট পার্টির সদস্য হন। ১৯৪১ সালে ফয়েজ কমিউনিস্ট পার্টির সদস্যা এলিস জর্জ নামের একজন বৃটীশ মহিলাকে বিবাহ করেন।

রক্ষণশীল মুসলমান পরিবারে বড় হয়ে উঠলেও ফয়েজ নিজেকে অজ্ঞেয়বাদী বা agnostic ভাবতেন। ১৯৩৫ থেকে ১৯৩৭ সাল অবধি ফয়েজ আলিগড়ে Muhammadan Anglo-Oriental College এ ব্রিটিশ সাহিত্য পড়িয়েছেন, তারপর ১৯৩৭ সালে লাহোরে Hailey College of Commerce এ ইকোনমিকস ও কমার্স পড়িয়েছেন। ১৯৪২ থেকে ১৯৪৭ অবধি ব্রিটিশ আর্মি তে ছিলেন, এবং ১৯৪৭ এ দেশ ভাগ হওয়ার পর তিনি পাকিস্তানের নাগরিকত্ব স্বীকার করেন। কিন্তু ১৯৪৭ সালেই ভারতের সঙ্গে পাকিস্তানের কাশ্মীর নিয়ে বিবাদ দেখে ফয়েজ মিলিটারির চাকরিতে ইস্তফা দেন।

এত সবের মাঝে পাশাপাশি চলছিলো ফয়েজের সাহিত্য চর্চা। ১৯৩৮ সালে তিনি "আদাব-এ-লতিফ" নামক একটি উর্দু পত্রিকার প্রধান সম্পাদক হিসাবে কাজ শুরু করেন; তাঁর প্রথম কবিতার বই "নকস্-এ-ফরিয়াদী" (১৯৪৩) এই সময় প্রকাশিত হয়। এছাড়া "দস্ত-এ-সবা" (১৯৫২) এবং "জিন্দান্-নামা" (১৯৫৬) তাঁর সব থেকে জনপ্রিয় কবিতার বই। ফয়েজ সবশুদ্ধ আটটি বই লেখেন, এবং চারবার (মতান্তরে দুবার) নোবেল প্রাইজের জন্য মনোনীত হয়েছিলেন। সোভিয়েত ইউনিয়নের সঙ্গে তাঁর বন্ধুত্বের সম্পর্ক ছিলো; ১৯৬২ সালে রাশিয়া তাঁকে "লেনিন পীস প্রাইজ" দিয়ে সম্মানিত করে।

ফয়েজ দেশ ভাগের সমর্থন করেননি। দেশ ভাগের প্রতিবাদে তাঁর কবিতা "ইয়ে দাগ্ দাগ্ উজালা" কবিতাটি তাঁকে বাঙালির কাছে খুব জনপ্রিয় করে তুলেছিলো। ১৯৫১ সালের ৯ মার্চ, এই বিদ্রোহী কবি এবং আরও কয়েকজন "রাওয়ালপিন্ডি কনস্পিরেসি কেস" এ অভিযুক্ত হয়ে কারারুদ্ধ হন। কারাবাস কালীন ফয়েজ কয়েকটি অনবদ্য কবিতা সৃষ্টি করেন।

১৯৫৬ সালে সুরাবর্দি প্রধানমন্ত্রী হিসাবে ক্ষমতায় এলে ১৯৫৭ সালে এঁদের কারাদন্ড মওকুফ করেন। ছাড়া পাওয়ার পর ফয়েজ দেশ ছেড়ে লন্ডনে চলে যান এবং ১৯৫৮ সালে স্বদেশে ফিরে আসেন। ফিরে আসার সঙ্গে সঙ্গে তৎকালীন প্রেসিডেন্ট ইস্কান্দার মির্জা তাঁকে কমিউনিস্ট হওয়ার অপরাধে আবার কারারুদ্ধ করেন। এবার যেহেতু তাঁর বন্ধু জুল্ফিকার আলী ভুট্টো তাঁর সহায় ছিলেন, ১৯৬০ সালে

তিনি আবার ছাড়া পান, এবং এবার তিনি মস্কো চলে যান – এবং পরে লন্ডনে বসবাস করতে শুরু করেন।

অনেকে জানেন, আবার অনেকে হয়তো জানেন না যে কবি এবং পত্রকার, ফয়েজ একটি ছবি অর্থাৎ সিনেমার সংলাপ রচনা করেন, এমন একটি সময় যখন তৎকালীন পূর্ব–পাকিস্থানে ছবি তৈরী করা অচিন্তনীয় ঘটনা। যে গল্প নিয়ে এই ছবিটি হয়, তার লেখক বাঙালি সাহিত্যিক মাণিক বন্দ্যোপাধ্যায় এবং উপন্যাসের নাম "পদ্মা নদীর মাঝি"। ফয়েজ এই ছবির সংলাপ ও গান লেখেন। নায়িকার ভূমিকায় অভিনয় করেন শ্রীমতী তৃপ্তি মিত্র। ফয়েজের বামপন্থী মতবাদের জন্য পাকিস্থান সরকার এই ছবিটির প্রদর্শন বন্ধ করলেও Moscow International Film Festival এ ছবিটি "Golden Medal" পুরস্কার পায়।

ফয়েজ ছিলেন মানবতাবাদের সমর্থক একজন কবি। সারা জীবন শুধু তিনি দেশ–ভক্তি এবং অসহায় মানুষদের কথাই লিখে গেছেন। ফয়েজ অনেকবার ঢাকা তে এসেছেন এবং উর্দূ কবিতা আবৃতি সভায় (মুশায়েরা) অংশগ্রহন করেছেন, কিন্তু "লেনিন পীস প্রাইজ" পাওয়ার পরে যখন তিনি ১৯৬৪ সালে ঢাকায় আসেন, তখন তাঁর জন্য যে অভিনন্দন সভার আয়োজন করা হয়েছিলো, তা অভূতপূর্ব – সভাগৃহে তিল ধারণের জায়গা ছিলোনা – এমন কি বাইরেও নয়।

বাঙলা দেশের স্বাধীনতা যুদ্ধে পাক সৈন্যরা শুধু সাধারণ নিরপরাধ মানুষদের অবাধে হত্যা করেনি; নিহতদের মধ্যে ছিলেন অনেক কবি, সাহিত্যিক, সাংবাদিক, বুদ্ধিজীবী, শিক্ষক এবং ছাত্ররা। বাংলাদেশের এই নিন্দনীয় ঘটনার তীব্র প্রতিবাদ করেন পশ্চিম

পাকিস্তানের বহু কবি, লেখক এবং রাজনীতিবিদেরা – ফয়েজ্ তাঁদের মধ্যে একজন। ২৫শে মার্চ, ১৯৭১ রাতের পশ্চিম পাকিস্তানের মিলিটারি দ্বারা পরিচালিত সশস্ত্র অভিযান অপারেশন ‘সার্চ লাইট’ এর শোকাবহ ঘটনার পরিপ্রেক্ষিতে শোকার্ত ফয়েজ্ লিখেছিলেন তাঁর বিখ্যাত কবিতা “হজার করো মেরে তন্ সে” –   দূরে থাকো আমার থেকে।

১৯৭১ এ বাংলা দেশ স্বাধীন হওয়ার পর শেষবার ফয়েজ্ বাংলা দেশে আসেন। ভারতীয় সেনা বাহিনীর কাছে আত্মসমর্পণের দিন সন্ধ্যায় পাকিস্তান আর্মি – প্রফেসর মুনীর চৌধুরী, শাহিদুল্লাহ কাইসার এবং আরও অনেক বুদ্ধিজীবীকে হত্যা করে। বেদনার্ত মন নিয়ে তিনি পাকিস্তানে ফিরে এসে দুটি কবিতা লেখেন। কবিতা দুটি “ঢাকা সে ওয়াপসী” (On return from Dhaka) আর “পাওঁ সে লহু কো ধো ডালো” (Wash the blood from your feet), ইংরাজিতে অনুবাদ করেছেন আজহার হুসেন।

ভুট্টো যখন বিদেশ-মন্ত্রীর পদ লাভ করেন, তখন ১৯৬৪ সালে ফয়েজ্ আবার দেশে ফিরে আসেন। জেনেরাল জিয়া-উল-হক এর নেতৃত্বে যখন ভুট্টোকে অপসারণ করার পর কারারুদ্ধ করা হয়, ফয়েজ্ অত্যন্ত দুঃখিত হয়েছিলেন। তাঁরও প্রতিটি চলাফেরার ওপর নজর রাখা হোত। অবশেষে, ১৯৭৯ সালে ভুট্টোর ফাঁসির খবর পেয়ে তিনি আবার দেশ ত্যাগ করেন। এবার বসতি হলো লেবাননের বেইরুট শহরে।

১৯৮২ তে লেবাননে যুদ্ধ শুরু হলে, ভগ্ন-স্বাস্থ্য, ভগ্ন-হৃদয় এই কবি আবার তাঁর স্বদেশে ফিরে এলেন। ১৯৮৪ সালে লাহোরে

৭৩ বছর বয়েসে অসাধারণ প্রতিভার অধিকারী ফয়েজ আহমেদ ফয়েজের মৃত্যু হয়।

পাকিস্তান গভর্নমেন্ট এর কাছ থেকে তিনি ১৯৯০ সালে তিনি মরণোত্তর "নিশান-এ-ইমতিয়াজ" পুরষ্কার পেয়েছিলেন।

ফয়েজ সম্পর্কিত তথ্য সমূহ ইন্টারনেট এর বিভিন্ন সাইট থেকে আহরণ করা হয়েছে। যদি কোনও ক্রটি চোখে পড়ে নিশ্চয় জানাবেন, সংশোধন করে দেবো।

নকশ্‌-এ-ফরিয়াদি
(অভিযোগের মানচিত্র)

১)   অশার

রাত য়ুঁ দিল্ মেঁ তেরী খোঈ হুই ইয়াদ আঈ —
য্যায়সে ভীরানে মেঁ চুপ্কে-সে বহার আ যায়ে।
য্যায়সে সহরাওঁ মেঁ হোলে-সে চলে বাদ-এ-নসীম,
য্যায়সে বীমার কো বে-ওয়জহ্ করার আ যায়ে।

১)   কবিতার স্তবক

রাতে তোমার হারিয়ে যাওয়া স্মৃতি আমার হৃদয়ে এমন ভাবে
এসেছিল –
যেমন শূন্য প্রান্তরে চুপিচুপি বসন্ত আসে।
যেমন মরু প্রান্তরে ধীরে ধীরে বয় বসন্ত সমীরণ,
যেমন অসুস্থ মানুষের হঠাৎ অকারণ আরোগ্য এসে যায়।

(২)   খুদা উয় ওয়ক্ত না লায়ে

খুদা উয় ওয়ক্ত না লায়ে কে সোগ্ওয়ার হো তু,
সুকুন কি নিন্দ তুঝে ভি হারাম হো যায়ে,
তেরি মসররত-এ-প্যায়হম তমাম হো যায়ে,
তেরি হয়াত তুঝে তল্খ্ জাম হো যায়ে,

গমোঁ সে আইনহ্-এ-দিল্ গুদাজ় হো তেরা,
হুজুম-এ-ইয়াস সে বে-তাব হোকে রহ যায়ে,
উয়ফুর-এ-দর্দ সে সীমাব হো কে রহ যায়ে,
তেরা শবাব ফকত্ খোয়াব হো কে রহ যায়ে,
গুরুর-এ-হুস্ন সরাপা ন্যায়াজ় হো তেরা,
তউইল রাতোঁ মেঁ তু ভি করার কো তরসে,
তেরি নিগাহ্ কিসি গম্-গুসার কো তরসে,
খজাঁ-রসিদাহ্ তমন্না বহার কো তরসে,
কোঙি জর্বিঁ ন তেরে সংগ-এ-আস্তাঁ পে ঝুকে
কে জিন্সে-এ-অজজ়-ও-অকীদত সে তুঝ কো শাদ করে,
ফরেব-এ-ওয়াদা-এ-ফর্দা পে ইতমাদ করে;

খুদা ওয় ওয়ক্ত ন লায়ে কে তুঝ কো ইয়াদ আয়ে
ওয় দিল্ কে তেরে লিয়ে বে-করার অব্ ভি হ্য়,
ওয় আঁখ জিস্ কো তেরা ইন্তজ়ার অব্ ভি হ্য়।

(২)   **ঈশ্বর যেন সেদিন না আসে**

ঈশ্বর যেন সেদিন না আসে, যখন তুমি বেদনার্ত,
শান্তির ঘুমও যখন তোমার বারণ,
তোমার নিরবিচ্ছিন্ন আনন্দের হয়েছে পরিসমাপ্তি –
তোমার জীবন যেন তোমার কাছে তিক্ত পেয়ালায় পরিণত
হয়েছে।
তোমার হৃদয়ের আয়না বেদনায় বিগলিত হয়েছে,
এক ঝাঁক আশাহীনতায় তুমি বিচলিত হয়ে পড়েছ;
নানা দুর্দশাতে তুমি পারদের মতো অস্থির হয়ে পড়;
তোমার যৌবন শুধু যেন এক স্বপ্নে পরিণত হয়েছে,
তোমার সৌন্দর্যের অহংকার চূর্ণ হয়েছে;
সুদীর্ঘ রাত্রিগুলিতে তুমিও শান্তির জন্য ব্যাকুল,
তোমার দৃষ্টি খুঁজে ফেরে কোনও সমব্যথীর সান্ত্বনা –
যেমন করে শরতের আশা বসন্তের জন্য ব্যাকুল হয়।
কারো ললাট যেন তোমার চৌকাঠের পাথরে না নত হয়,
তোমায় তার আত্মসমর্পণ ও আনুগত্য দিয়ে খুশী করে,
আগামীকালের মিথ্যে প্রতিশ্রুতিতে তোমার বিশ্বাস উৎপাদন করে।
ঈশ্বর যেন সেদিন না আসে,
যখন তোমার মনে পড়ে যাবে সেই হৃদয়ের কথা,
যা তোমার জন্য আজও ব্যাকুল;
সেই চোখদুটির কথা যা আজও তোমার অপেক্ষায় আছে।

৩)   সারুদ-এ-শবানা

নিম্ শব্, চান্দ, খুদ্-ফরামোশী;
মহফিল-এ-হস্ত-ও-বুদ্ ভীরান হয়,
পয়্কর-এ-ইলতিজা হয় খামোশী,
বজ্ম্-এ-অঞ্জুম ফসরদহ্ সামান হয়,

আবসার-এ-সকুত জারি হয়,
চার সু বে-খুদিসি তারি হয়,
জিন্দগী জজ্ব-এ-খোয়াব হয় গোওয়া
সারি দুনিয়া সরাব হয় গোওয়া;

সো রহি হয় ঘনে দরখ্‌তোঁ পর্
চান্দনী কি থকি হঈ আওয়াজ়;
কহকশাঁ নিম্ ওয়া নিগাহোঁ সে –

কহ রহি হয় হদিশ-এ-শওক-এ-নায়াজ়
সাজ়-এ-দিল্ কে খামোশ তারোঁ সে,
ছান রহা হয় খুমার-এ-কইফ্ আগিন –

আরজু, খোয়াব, তেরা রু-এ-হসীন।

৩)   নিশীথের গান

মধ্যরাত্রি, চাঁদ, আত্ম-বিস্মৃতি;
মহফিলের আনন্দ আর অস্তিত্ব ধ্বংসপ্রাপ্ত হয়েছে
নিস্তব্ধতাই যেন আশার প্রতিমূর্তি
তারাদের ওই মিছিল যেন একটি বিষাদময় বস্তু।

নৈঃশব্দের ঝর্ণা বয়ে চলেছে,
চারিদিকে যেন একটি সংজ্ঞাহীনতা ছেয়ে রয়েছে,
জীবন যেন এক টুকরো একটি স্বপ্ন –
সারা পৃথিবী যেন এক মরীচিকা।

ঘন বৃক্ষচূড়ায় নিদ্রিত
জ্যোৎস্নার ক্লান্ত স্বর,
ছায়াপথ তার অর্ধ-নিমীলিত দৃষ্টিতে,

আত্মসমর্পণের আসক্তির কাহিনী বলছে।
হৃদয়ের নীরব বীণাটির তার থেকে
একটি সুখময় মমতা ঝরে পড়ছে –

কামনা, স্বপ্ন, তোমার সুন্দর মুখ।

৪)   আজ কি রাত

আজ কি রাত সাজ্‌-এ-দর্দ ন ছেড়;
দুখ্‌ সে ভরপুর দিন্‌ তমাম হয়ে,
ঔর কল্‌ কি খবর কিসে মালুম?

দোশ ও ফর্দা কি মিট্‌ চুকি হাঁয় হদুদ,
হো ন হো অব্‌ সহর, কিসে মালুম?
জিন্দগী হেচ্! লেকিন্‌ আজ কী রাত
ঈজাদিয়ৎ হয় মুমকিন্‌ আজ কী রাত।

আজ কী রাত সাজ্‌-এ-দর্দ ন ছেড়,
অব্‌ ন দোহরা ফসানাহ্‌-এ-অলম্‌,
অপনি কিসমৎ পে সোগওয়ার ন হো,
ফিকর্‌-এ-ফর্দা উতার দে দিল্‌ সে,
উমর্‌-এ-রফতা পে অশক্‌-বার ন হো;

অহদ্‌-এ-গম্‌ কি হীকাইয়াতেঁ মত পুছ —
হো চুকি সব্‌ শীকাইয়াতেঁ মত পুছ;
আজ কী রাত সাজ্‌-এ-দর্দ ন ছেড়।

৪) আজকের রাত

আজ রাতে বেদনার বীণাটি বাজিওনা,
ব্যথায় ভরপুর দিন তো এখন শেষ হোল,
আর আগামীকালের খবর কেই বা জানে।

গতকাল এবং আগামীকালের সীমানা মুছে গেছে;
আবার ভোর হবে কী না হবে তা কেই বা জানে?
এ জীবন কিছু নয় – শুধু আজকের রাত!
দেবত্ব সম্ভব – শুধু আজকের রাত!

আজকের রাতটিতে কোন ব্যথিত বীণার তার স্পর্শ কোরোনা,
এখন আর পুনরাবৃতি কোরোনা কোন দুঃখের কাহিনীর –
আপন ভাগ্যের কথা ভেবে বেদনার্ত হয়োনা –
আগামীকালের চিন্তা মন থেকে ঝেড়ে ফেলে দাও,
যে সময় চলে গেছে তার জন্য অশ্রুপাত কোরোনা।

দুঃখদিনের কোন কাহিনী জানতে চেওনা;
সব অভিযোগ শেষ হয়ে গেছে- জিজ্ঞাসা কোরোনা;
আজকের রাতে ওই বেদনার বীণাটি আর বাজিওনা।

৫)   এক মন্জর

বাম-ও-দর্ খামোশিকে বোঝ সে চূর,
আশমানোঁ সে জু-এ-দর্দ রওয়াঁ,
চান্দ্ কা দুখ্-ভরা ফসানা-এ-নূর –
শাহরাহোঁ কি খাক মেঁ ঘল্তাঁ,
খোয়াবগাহোঁ মেঁ নিম্ তারিকি,
মজ্‌মহিল লাই রবাব-এ-হস্তি কি
হল্কে হল্কে সুরোঁ মেঁ নওহ-কুনাঁ!

৫)   একটি দৃশ্য

নৈঃশব্দের ভারে যেন ছাত আর দরজা ভেঙে পড়ছে,
আকাশ থেকে এক বেদনার নদী বয়ে চলেছে,
চাঁদের ব্যখা-ভরা আলোর কাহিনী
রাজপথের ধূলায় লুটিয়ে পড়ছে,
শয়নগৃহের আধো অন্ধকারে –
প্রকৃতির সেতার থেকে একটি ক্লান্ত রাগিনী,
হালকা হালকা বিষাদের সুরে যেন শোনা যাচ্ছে।

৬)   মুঝ-সে পহলি-সি মহব্বৎ, মেরি মেহবুব, ন মাংগ

মুঝ-সে পহলি-সি মহব্বৎ, মেরি মেহবুব, ন মাংগ।
ম্যায়-নে সমঝা থা কে তু হ্যয় তো দরখ্শাঁ হ্যয় হ্যয়াৎ,
তেরা গ়ম হ্যয় তো গ়ম-এ-দহর্ কা ঝগ়ড়া ক্যায়া হ্যয়?
তেরি সুরত সে হ্যয় আলম্ মেঁ বহারোঁ কো শবাৎ,
তেরি আখোঁ কে সিওয়া দুনিয়া মেঁ রক্খা ক্যায়া হ্যয়?

তু জো মিল-যায়ে তো তকদির নিগুঁ হো-জায়ে,
য়ুঁ ন থা, ম্যাঁয়-নে ফক়ৎ চাহা থা য়ুঁ হো-যায়ে –
অওর ভি দুখ হ্যয় জমানে মেঁ মহব্বৎ কে সিওয়া,
রাহতেঁ অওর ভি হ্যয় ওয়সল্ কি রাহৎ কে সিওয়া।

অন-গিনত সদিয়োঁ কে তারিক বহেমানা তিলিসম্
রেশম্-ও অতলস্-ও কমখ়াব মেঁ বন্ওয়ায়ে হুয়ে,
জা-ব-জা বিকতে হুয়ে কুচা-ও বাজ়ার মেঁ জিসম্,
খাক় মেঁ লিথড়ে হুয়ে, খুন মেঁ নহলায়ে হুয়ে,
জিসম্ নিকলে হুয়ে অমরাজ় কে তন্নুরোঁ সে,

৬) আমার প্রিয়া, আমার কাছে আর আগের মতো প্রেম চেওনা

আমার কাছে সেই আগের মতো প্রেম, আমার প্রিয়া, আর
চেওনা।
আমি ভেবেছিলাম যে তুমি আছো বলেই এ জীবন এত উজ্জ্বল;
তুমি যদি অসুখী হও তবে যুগান্তের বেদনা নিয়ে বিতর্কে কাজ
কি?
তোমার সৌন্দর্যের জন্যই এই পৃথিবীতে বসন্ত সহায়ী হয়েছে,
এই দুনিয়ায় তোমার চোখ দুটি ছাড়া আর আছেই বা কি?

তোমায় যদি কাছে পাই তবে আমার ভাগ্য হবে অবনমিত।
তা সত্যি ছিলনা, আমি শুধু চেয়েছিলাম যেন তা সত্যি হয়;
প্রেমের বেদনা ছাড়াও অন্য বেদনা এই দুনিয়ায় আছে,
মিলনের উল্লাস ব্যতীত আরও অন্য আনন্দও আছে।

অসংখ্য শতাব্দীর কালো জান্তব সম্মোহন,
রেশম, সাটিন এবং কিংখাবের মাঝে বোনা, –
শরীর বিকিয়ে যাচ্ছে সর্বত্র – সংকীর্ণ গলিতে ও বাজারে,
ধূলি-ধূসরিত, রক্ত-স্নাত,
ব্যাধির চুল্লী থেকে বের হয়ে আসা সব অবয়ব,

পিপ্ বহতি হুই গলতে হুয়ে নাসুরোঁ সে-
লওট্ যাতি হয় উধর্ কো ভি নজর, ক্যা কি যে ?
অব ভি দিলকশ্ হয় তেরা হুস্ন, মগর ক্যা কি যে ?
ওর ভী দুখ হয় জমানে মেঁ মহব্বত কে সিওয়া –

রাহতেঁ অওর ভি হয় ওয়সল্ কি রাহত কে সিওয়া;
মুঝ-সে পহলি-সি মহব্বৎ, মেরি মহবুব, ন মাংগ।

পুঁজ-রক্ত বয়ে যাচ্ছে দূষিত ক্ষত হতে –
আমার দৃষ্টি যে ওই দিকেও ফিরে চায়, কি করা যায়?
তোমার সৌন্দর্য্য আজও মনোমুগ্ধকর, কিন্তু কি করা যায়?
প্রেমের বেদনা ছাড়াও অন্য বেদনা এই দুনিয়ায় আছে,

মিলনের উল্লাস ব্যতীত আরও অন্য আনন্দও আছে।
আমার কাছে সেই আগের মতো প্রেম, আমার প্রিয়া, আর
চেওনা।

৭)   রকীব সে

আ, কে ওয়াবস্তা হাঁয় উস্ হুস্ন কি ইয়াদেঁ তুঝ সে
জিস্-নে ইস্ দিল কো পরী-খানা বনা রখা থা,
জিসকি উলফৎ মেঁ ভুলা রক্খি খি দুনিয়া হম্ নে,
দহর্ কো দহর্ কা অফ্‌সানা বনা রখা থা।

আশনা হাঁয় তেরে কদমোঁ সে উয় রাহেঁ জিন্-পর
উস্-কি মদহোশ জওয়ানী-নে ইনায়ত্ কী হ্যয়,
কারওয়াঁ গুজরে হাঁয় জিন্-সে উসি রা-নাঈ কে
জিস্ কি ইন্ আঁখো নে বে-সুদ ইবাদত্ কী হ্যয়।

তুঝ-সে খেলী হাঁয় উয় মহবুব হওয়ায়েঁ জিন-মেঁ
উস্কে মলবুস্ কি অফ্‌সরদা মহক্ বাকি হ্যয়;
তুঝ-পে ভি বরসা হ্যয় উস্ বাম সে মহতাব কা নূর
জিস্-মেঁ বিতি হই রাতোঁ কি কসক্ বাকি হ্যয়;

৭)   প্রতিদ্বন্দ্বীর প্রতি

এসো, কারণ তোমার সঙ্গে জড়িত রয়েছে সেই সুন্দরীর স্মৃতি
এই হৃদয়কে যে পরীদের আনাগোনার প্রাঙ্গণ বানিয়ে রেখেছিল,
যার প্রতি উচ্ছ্বাসে আমি এই দুনিয়াকে ভুলেছিলাম,
সময়কে আমি যুগের রূপকথা করে রেখেছিলাম।

সেই সব পথ যা তোমার পদক্ষেপের সঙ্গে সুপরিচিত,
যে পথের পরে তার উন্মত্ত যৌবন নিজেকে বিছিয়ে দিয়েছে,
যে পথ দিয়ে তার অপরূপ সৌন্দর্যের মরু-যাত্রী দল চলে গেছে
আমার এই চোখদুটি নিঃস্বার্থভাবে তার পূজা করেছে।

সেই প্রেমিক সমীরণ তোমার সঙ্গে খেলা করেছে, যার মাঝে
তার পোশাকের মিলিয়ে আসা সুগন্ধ আজও রয়ে গেছে;
তোমার উপরেও বর্ষিত হয়েছে তার ছাত থেকে চাঁদের আলো,
যার মধ্যে অনেক বিগত রাত্রির যন্ত্রণা মিশে রয়েছে।

তু-নে দেখী হয় উয় পেশানী; উয় রুখসার; উয় হোঁঠ;
জিন্দগী জিন্-কে তসওয়র মেঁ লুটা-দি হম্-নে,
তুঝ-পে উর্ঠি হয় উয় খোঈ হুই সাহির আঁখেঁ,
তুঝ কো মালুম হয় কিঁউ উমর গঁওয়া দি হম্-নে।

হম্ পে মশ্তরকা হয় য়হসান গম্-এ-উলফং কে,
ইত্নে য়হসান হয় কে গিন্ওয়াউঁ তো গিন্ওয়া ন সকুঁ —
হম্ নে ইস্ ঈশক্ মেঁ ক্যায়া খোয়া হয়, ক্যায়া সিখা হয় —
জব্ তেরে অওর কো সমঝাউঁ তো সমঝা ন সকুঁ।

আজিজি সিখি, গরিবোঁ কি হিমায়ত সিখি,
য়াস ও হিরমান কে, দুখ দর্দ কে মানি সিখি,
জেরদাস্তোঁ কে মসাইব কো সমঝনা সিখা,
সর্দ আহোঁ কে, রুখ্-এ-জর্দ কে মানি সিখে।

তুমি দেখেছ সেই ললাট, সেই কপাল, সেই অধর –
যাদের ধ্যানে আমি আমার সারা জীবন লুটিয়ে দিয়েছি,
তোমার দিকে দৃষ্টিপাত করেছে সেই ভাবনায় হারিয়ে যাওয়া,
জাদু–ভরা চোখ দুটি,
তুমি জানো কিসের জন্য আমি আমার সারা জীবন উৎসর্গ
করেছি।

একটি আবেগমথিত বেদনার অনুগ্রহের আমরা দুজন অংশীদার,
এত অনুগ্রহ যে যদি গোনাতে যাই গোনাতে পারবোনা;
এই ভালবাসায় আমি যে কি হারিয়েছি আর কি পেয়েছি
(শিখেছি),
তা শুধু তুমি ছাড়া আর কাউকেই বোঝাতে পারবোনা।

আমি শিখেছি অসহায় অবস্থা, শিখেছি গরীবদের রক্ষা করতে,
আমি শিখেছি হতাশা, নৈরাশ্য আর ব্যথা-বেদনার অর্থ,
আমি বুঝতে শিখেছি নিপীড়িত জনের দুঃখ;
আমি বুঝেছি শীতল দীর্ঘ নিঃশ্বাসের, আর (ব্যথায়) নীল হয়ে
যাওয়া মুখের মানে।

জব্‌ কহিঁ ব্যায়ঠকে রোতে হ্যাঁয় উয় বে-কস্‌ - জিন্‌কে
অস্ক আখোঁ মেঁ বিলক্‌তে হুয়ে সো-জাতে হ্যাঁয়,
না-তওয়ানোঁ কে নিভালোঁ পে ঝট্‌পট্টে হ্যাঁয় উক্‌াব
বাজু তোলে হুয়ে, মণ্ডলাতে হুয়ে আতে হ্যায়,

জব্‌ কভি বিক্‌তা হ্যায় বাজ্জার মেঁ মজ্‌দুর কা গোস্ত,
শাহরাওঁ পে গ্‌রিবোঁ কা লহু বহতা হ্যায়,
আগ-সি সিনে মেঁ রহ-রহ্‌ কে উবল্‌তি হ্যায়, ন পুছ!
অপনে দিল্‌ পর্‌ মুঝে ক্‌াবু হি নহিঁ রহতা হ্যায়।

ওই অসহায় মানুষগুলো যখন কোথাও বসে চোখের জল ফেলে,
যারা
চোখে অশ্রু-জলের প্রবাহ নিয়েই ঘুমিয়ে পড়ে
ডানা ঝাপটিয়ে ঈগলগুলো আসে, এই দুর্বল মানুষগুলোর গায়ের
মাংস ছিঁড়ে খেতে
ওরা আসে ডানা প্রসারিত করে, চক্রাকারে ঘুরতে থাকে –

যখনই গরীব মজদুরের মাংস বাজারে বিকোয়,
শহরের রাজপথে গরীবের রক্ত বয়ে যায়,
আমার বুকের মাঝে থেকে থেকে আগুনের মতো ফুটতে থাকে –
জিজ্ঞাসা কোরোনা!
আমার হৃদয় আর আমার বশেই থাকেনা।

৮)   তন্হাঈ

ফির্ কোঈ আয়া, দিল্-এ-জার! নহিঁ, কোঈ নহিঁ;
রাহ্-রও হোগা, কহিঁ ঔর চলা যায়েগা।
ঢল্ চুকি রাত, বিখরনে লগা তারোঁকা ঘুবার,
লড়খনানে লগে অয়ওয়ানোঁ মেঁ খোওয়াবিদা চরাগ্,

সো গঈ রাস্তাহ্ তক তক্-কে হর্-এক রাহ্-গুজার;
অজনবি থাক-নে ঢুন্ডলা দিয়ে কদমোঁ কে সুরাগ্।
গল্ করো শমী, বর্হা-দো ময় ও মিনা ও অয়াঘ্,
অপনে বে-খ্ওয়াব কিভারোঁ কো মুক্ক্ফল্ কর-লো;

অব্ যঁহা কোঈ নহিঁ, কোঈ নহিঁ আয়েগা!

৮)   নিঃসঙ্গতা

আবার কেউ এসেছে, আমার বিষণ্ণ হৃদয়, না কেউ না;
হয়তো কোনও পথিক, অন্য কোথাও চলে যাবে।
রাত শেষ হয়েছে, তারাদের মেঘও কেটে যেতে শুরু করেছে,
সভাকক্ষে স্বপ্নিল প্রদীপ গুলি কাঁপতে সুরু করেছে,

পথগুলি পথিকের পদধ্বনির আশায় থেকে থেকে এখন ঘুমিয়ে
পড়েছে;
অপরিচিত ধুলোতে পায়ের চিহ্ন অস্পষ্ট করে ফেলেছে।
বাতি নিভিয়ে দাও, দূর করে দাও সুরা এবং পান-পাত্র এবং
পেয়ালা,
নিজের নিদ্রাবিহীন প্রবেশপথের দরজা গুলি বন্ধ করে দাও;

এখন এখানে কেউ না, কেউ আর আসবেনা।

৯)   চন্দ্ রোজ অউর, মেরি জান

চন্দ্ রোজ অউর, মেরি জান! ফকত্ চন্দ্-হি রোজ।
জুল্ম কি ছাঁও মেঁ দম্ লেনে পে মজবুর হ্যয় হম্;
ঔর কুছ দের সিতম্ সহ-লেঁ, তড়প্-লেঁ, রো-লেঁ।

অপনে অজদাদ কি মিরাস হ্যয়, মহজুর হ্যঁয় হম্,
জিসম্ পর কয়েদ হ্যয়, জজ্বাত পে জঞ্জিরেঁ হ্যঁয়,
ফিকর্ মহবুস্ হ্যয়, গুফ্তার পে তহজিরে হ্যঁয় –
অপনি হিম্মত্ হ্যয় কে হম্ ফির্ ভী জিয়ে যাতে হ্যঁয়।

জিন্দগী ক্যয়া কিসি মফলিস্ কি কবা হ্যয় জিস্-মেঁ
হর্ ঘড়ি দর্দ কে পয়ওয়ন্দ্ লগে জাতে হ্যঁয়?
লেকিন্ অব্ জুল্ম কি মিহয়াদ কে দিন্ থোড়ে হ্যঁয়,
এক জরা সব্র, কে ফরিয়াদ কে দিন্ থোড়ে হ্যঁয়।

৯)   আরও কিছু দিন, আমার প্রিয়া!

আরও কিছু দিন, আমার প্রিয়া! শুধু কিছু দিন মাত্র।
অত্যাচারের ছায়ায় নিঃশ্বাস নিতে আমরা বাধ্য;
আর একটুখানি আমরা কষ্ট সহ্য করি, অস্থির হই, কেঁদে নিই।

এতো আমাদের পূর্বপুরুষের দান, আমাদের দোষ নয়,
দেহের পরে বন্ধন, অনুভূতির পরে শিকল বাঁধা
আমাদের চিন্তা শক্তি বন্দী, আমাদের বাক্ শক্তির উপর আছে
পাহারা –
আমরা যে তবু বেঁচে আছি, এ শুধু আমাদেরই হিম্মতের জোরে।

আমাদের এই জীবন কি কোন ভিক্ষুকের আলখাল্লা, যার উপর
প্রতি মুহূর্তে বেদনার তালি পড়েই চলেছে?
কিন্তু এখন অত্যাচারের মেয়াদ ফুরিয়ে এসেছে,
আর একটু সবুর করো, এই অভিযোগের দিন আর অল্পই বাকি।

অরসহ্-এ-দহর্ কি ঝলসি হুই ভীরানি মেঁ
হম্ কো রহনা হ্যয় পে য়ুঁ-হি তো নহিঁ রহনা হ্যয়;
অজনবি হাথোঁকা বে-নাম গিরাঁবার সিতম
আজ সহনা হ্যয়, হমেশা তো নহিঁ সহনা হ্যয়।

ইয়ে তেরে হুস্ন-সে লিপটি হুই আলাম কি গর্দ,
অপনি দো রোজা জওয়ানী কি শিকস্তোঁ কা শুমার,
চান্দনী রাতোঁ কা বে-কার দহকতা হুয়া দর্দ,
দিল্ কি বে-সুদ তড়প্, জিস্ম কি মায়ুস পুকার–

চন্দ্ রোজ অউর, মেরি জান! ফকত্ চন্দ্ হি রোজ।

ঝলসে যাওয়া মরুভূমির মতো যুগের এই সময়টুকুতে,
আমাদের বাস করতে হবে, কিন্তু এমনভাবে তো নয়,
নামগোত্রহীন অচেনা হাতের এই ভারী জুলুম,
আজ সইতে হবে, কিন্তু চিরকাল তো নয়।

তোমার সৌন্দর্যের সঙ্গে জড়িয়ে রয়েছে বেদনার ধূলিকণা
আমাদের দুদিনের যৌবনের হতাশার গণনা
ব্যর্থ চাঁদনি রাতগুলির জ্বলন্ত নিরাশা,
হৃদয়ের নিষ্ফল অস্থিরতা, শরীরের হতাশ ক্রন্দন —

আরও কিছু দিন, আমার প্রিয়া! শুধু কিছু দিন মাত্র।

১০)   কুত্তে

ইয়ে গলিওঁ কে আওয়ারা কুত্তে,
কে বখ্‌শা গয়া জিন্‌-কো জ়ওক-এ-গদাঈ,
জমানে কি ফট্‌কার সরমায়া উনকা,
জহাঁ ভর্‌ কি ধুত্‌কার উন্‌ কি কমাঈ।

না আরাম, শব্‌ কো না রাহত সওয়েরে,
গিলাজ়ত মেঁ ঘর্‌, নালিওঁ মেঁ বসেরে;
যো বিগড়েঁ তো এক দুস্‌রে সে লড়া দো,
জ়রা এক্‌ রোটি কা টুকরা দিখা দো –

ইয়ে হরেক কি ঠোকরেঁ খানেওয়ালে,
ইয়ে ফাঁকো সে উকতাকে মর্‌-জানেওয়ালে,
ইয়ে মজ়লুম মখ়লুক গর্‌ সর্‌ উঠায়ে,
তো ইনসান সব্‌ সরকশী ভুল যায়ে;

ইয়ে চাহেঁ তো দুনিয়া কো আপনা বনা-লেঁ,
ইয়ে আকাওঁ কি হড্ডিয়াঁ তক্‌ চবা-লেঁ –
কোঈ ইন্‌ কো য়হসাস-এ-জ়িল্লত দিলা-দে,
কোঈ ইন্‌ কি সোঈ হুঈ দুম্‌ হিলা-দে।

১০)	**কুকুর গুলো**

এই গলির আওয়ারা নিষ্কর্মা কুকুরগুলো,
যাদের ওপর ভিক্ষাবৃত্তির ব্যগ্রতা আরোপ করা হয়েছে।
কালের অভিশাপ তাদের সম্পত্তি,
সারা দুনিয়ার ধিক্কারই তাদের উপার্জন।

রাতে নেই বিশ্রাম, প্রভাতে নেই আরাম,
মলিনতায় ওদের বসতি, নর্দমাগুলিতে আশ্রয়;
যদি অসন্তোষ প্রকাশ করে তো,
একটির সঙ্গে আর একটির লড়াই বাধিয়ে দাও –
শুধু ছোড় একটা রুটির টুকরো দেখিয়ে দাও।

এই সকলের লাথি খেয়ে বেড়ানো,
এই উপবাসে ক্লিষ্ট হয়ে মরে যাওয়া,
এই অত্যাচারিত প্রানীগুলি যদি কখনও মাথা তোলে,
তবে মনুষ্যজাতি তার ঔদ্ধত্য ভুলে যাবে।

এরা যদি চায় তো দুনিয়া দখল করতে পারে,
এরা যদি চায় তো এদের প্রভুদের অস্থি চিবিয়ে খাবে –
কেউ যদি শুধু এদের অধঃপতন সম্পর্কে চেতনা উদ্বুদ্ধ করে,
শুধু কেউ যদি এদের ঘুমন্ত লেজ ধরে ঝাঁকিয়ে দেয়।

১১)   বোল

বোল – কে লব্‌ আজ়াদ হ্যয় তেরে,
বোল, জ়বান অব্‌ তক্‌ তেরি হ্যয়,
তেরা সুতওয়াঁ, জিসম্‌ হ্যয় তেরা –
বোল – কে জান অব তক্‌ তেরি হ্যয়।

দেখ়, কে আইঁগর কি দুকান মেঁ
তুন্দ হ্যয় শোলে, সুর্খ় হ্যয় আহঁ,
খুলনে লগে কুফলোঁ কে দহানে
ফ্যায়লা হর়–এক জ়ঞ্জীর কা দামন।

বোল, ইয়ে থোড়া ওয়ক্ত বহত্‌ হ্যয়,
জিসম্‌ ও জ়বান কি মওত্‌ সে পহলে;
বোল, কে সচ্‌ জিন্দা হ্যয় অব তক্‌ –
বোল, যো কুছ্‌ কহনা হ্যয় কহ্‌ লে!

১১)   বল্‌

বল্‌, কারণ তোর অধর স্বাধীন,
বল্‌, জিহ্বা এখনও তোর নিজেরই আছে,
তোর ঋজু শরীর এখনও তোরই –
বল্‌, কারণ প্রাণ এখনও তোরই আছে।

দ্যাখ্‌, কেমন ঐ কামারশালায়,
অগ্নিশিখা উত্তপ্ত, লোহ রক্তরাঙা,
তালা গুলির মুখও খুলতে শুরু করেছে
আর প্রতিটি শিকলের আঁচল গেছে বিছিয়ে।

বল্‌, এই অল্প সময়টুকু তো অপর্যাপ্ত
শরীর ও জিহ্বার মৃত্যু হওয়ার আগেই
বল্‌, কারণ সত্য আজও বেঁচে আছে –
বল্‌, তোর যা বলার আছে, বলে নে এই বেলা!

১২)   **মউজূ-এ-সুকহন্**

গুল্ হুঈ যাতি হ্যয় অফসুরদহ সুলগতি হুঈ শাম,
ধুলকে নিকলেগি অভি চশমহ্-এ-মহতাব সে রাত,
ঔর - মুশতাক্ নিগাহোঁকি কী সুনী জায়েগী,
ঔর - উন্ হাথোঁ সে মস্ হোয়েঙ্গেঁ ইয়ে তর্-সে হয়ে হাত!

উন্ কা আঁচল্ হ্যয়, কে রুখসার, কে পয়রাহন্ হ্যয়?
কুছ তো হ্যয় জিস্-সে হুঈ-যাতি হ্যয় চিল্মন্ রঙ্গিন।
জানে উস্ জুল্ফ্ কি মওহম ঘনী ছাঁও-মেঁ
টিমটিমাতা হ্যয় উয় আওয়েজহ্ অভি তক্ কে নহিঁ।

আজ ফির হুসন্-এ-দিলারা কী উয়হি ধজ্ হোগী,
উয়হী খোয়াবিদা-সি আঁখেঁ, উয়হী কাজল্ কী লকীর,
রংগ্-এ-রুখসার পে হলকা-সা উয় ঘাজে কা ঘুবার,
সন্দলী হাথ-পে ধুনদলী-সি হিনা কী তহরীর।

অপনে অফকার কী, অশার কী দুনিয়া হ্যয় ইয়েহী,
জান-এ মজমুন হ্যয় ইয়েহী, শাহিদ-এ-মনা হ্যয় ইয়েহী।
আজ তক সুর্খ ও সিয়া সদিয়োঁ কে সায়ে কে তলে,
আদম্ ও হভভয়া কী অওলাদ পে ক্যয়া গুজরী হ্যয়?
মওত্ অউর জিসত্ কী রোজানা সফারাঈ মেঁ,
হম্ পে ক্যয়া গুজরেগী, অজদাদ পে ক্যয়া গুজরী হ্যয়?

১২)   **কবিতার বিষয়**

অসাড়, জ্বলে যাওয়া সন্ধ্যা এখন নিভে যাচ্ছে,

এখনি জ্যোৎস্নার ফোয়ারা থেকে স্নান করে বার হয়ে আসবে

রাত,

এবং দৃষ্টির অভিলাষ পূর্ণ হবে,

এবং তৃষ্ণার্ত এই হাত, ওই হাত দুটির স্পর্শ পাবে।

তার আঁচল, না কপোল না কি তার পরিধান?

কিছু তো আছে যা দিয়ে ওই পর্দা এমন রঙিন হয়ে ওঠে।

কি জানি ওই কেশরাশির আবছা গহন ছায়ায়

তার কানের দুল এখনও ঝিকমিক করছে কিনা।

আজ আবার সেই মোহময়ী সৌন্দর্যের তেমনই প্রকাশ হবে,

সেই স্বপ্ন-মদির চোখদুটি, সেই কাজলের রেখা,

কপোলের লালিমার পরে সেই আবছা প্রলেপের মেঘ,

চন্দন-রঙা হাতের পরে মেহেদির হাল্কা আলপনা।

এ শুধু আমার ভাবনা-চিন্তা, আমার কবিতার জগত,

এ শুধু আমার জীবনের অর্থ, এ শুধু আমার ধ্যানের প্রতিমা।

আজ অবধি কালো, রক্তরাঙা শতাব্দীর ছায়াতলে,

আদম ও ইভের সন্তানদের কি ভাবে কেটেছে?

জীবন এবং মৃত্যুর দৈনন্দিন মোকাবিলাতে,

আমাদের ওপর দিয়ে কি যাবে, আমাদের পূর্বসূরিদের ওপর দিয়ে

কি গেছে?

ইন্ দমক্তে হুয়ে শহরোঁ কী ফরাওঁয়ান মখ়লুক়
কিঁয়ু ফক়ৎ মরণে কী হসরত্ মেঁ জিয়া-করতী হ্য়?
ইয়ে হসিঁ খেত, ফটা-পড়তা হ্য় জোবন জিনকা,
কিস্ লিয়ে উন্-মেঁ ফক়ৎ ভুক উগা করতী হ্য়?

ইয়ে হরেক সিমত্ পর-আসর কড়ী দিওয়ারেঁ,
জল্-বুঝে জিন্-মেঁ হজ়ারোঁ কী জওয়ানী কে চরাগ়,
ইয়ে হরেক গাম পে উন্ খোওয়াবোঁ কী মক়তল্-গাহেঁ,
জিন্কে পরতাও সে চরাঘাঁ হ্য় হজ়ারোঁ কে দিমাগ় –

ইয়ে ভী হ়ঁয়, এইসে কয়ী ঔর ভী মজ়মুন হোঙ্গে;
লেকিন্ উস্ শোখ় কে আহিস্তা-সে খুলতে-হুয়ে হোঁঠ,
হায়ে উস জিস্ম কে কমবখ়ত দিল্-আওয়েজ় খ়তুত –
আপ-হি কহিয়ে, কহিঁ এয়সে ভী অফ়সুঁন হোঙ্গে?

অপ্না মওজ়ু-এ-সুখ়ন ইন্ কে সিওয়া ঔর নহিঁ,
তবহ্-এ-শায়ের কা ওয়তন্ ইন্ কে সিওয়া ঔর নহিঁ।

চাকচিক্যময় শহরের অসংখ্য প্রাণীর দল
কেন তারা বেঁচে থাকে শুধু মরণের প্রত্যাশায়?
এই সুন্দর মাঠ ঘাট, যার প্রাচুর্য যেন উপচে পড়ছে,
কিসের জন্য সেখানে শুধু ক্ষুধার ফসল ফলে?

এই চার পাশের রহস্যময় কঠিন প্রাচীরগুলি,
যাদের মাঝে হাজার মানুষের যৌবনের প্রদীপ জ্বলে নিভে গেছে,
প্রতিপদে এখানে সেই সব স্বপ্নদের জবাই-থানা
যাদের আলোয় হাজার মানুষের মন আলোকিত হয়েছে।

এসব তো আছে, আবার এরকম আরও অনেক বিষয় থাকতে
পারে;
কিন্তু ওই যাদুকরীর আস্তে আস্তে খুলতে থাকা ঠোঁটদুটি,
হায় রে, ওই শরীরের অভিশপ্ত আকর্ষণীয় রেখাগুলি –
আপনিই বলুন, এমন যাদু কি আর কোথাও খুঁজে পাওয়া যাবে?

আমার কবিতার বিষয় এছাড়া আর কিছু নেই,
কবির স্বভাবের জন্মভূমি এছাড়া আর কিছু নেই।

১৩) হম্ লোগ

দিল্ কে অইওয়াঁন মেঁ লিয়ে গুল্-শুদা শমোঁ কী কতার,
নূর-এ-খুওয়ারশীদ সে সহমে হুয়ে, উক্তায়ে হুয়ে,
হুস্ন-এ-মহবুব কে সইয়াল তসব্বুর কী তরহ,
অপ্নি তারিকী কো ভিন্চে হুয়ে, লিপ্টায়ে হুয়ে;

ঘয়াত্-এ-সুদ-ও-জিয়াঁ, সুরত্-এ-আঘাজ-ও-মাল,
উয়োহি বে-সুদ তজস্সুস, উয়োহি বে-কার সওয়াল,
মজ্মহিল্ সাঅত্-এ-ইম্রোজ় কী বে-রঙ্গী সে,
ইয়াদ-এ-মজ়ী সে গ়ম্গী, দহসত্-এ-ফ়র্দা সে নিধাল;

তিশ্নহ্ অফ্কার জো তস্কীন নহীঁ পাতে হয়,
সোখ়্তা অশক্ জো আঁখোঁ মেঁ নহীঁ আতে হঁয়,
এক্ কড়া দর্দ কে জো গীত মেঁ ঢল্তা হি নহীঁ,
দিল্ কে তারীক শিগাফ়োঁ সে নিকল্তা হি নহীঁ;

ওর এক উল্ঝী হুই মৌহম্-সি দরমাঁ কী তলাশ,
দস্ত্ ও জিন্দাঁন কী হভস্, চাক-এ-গিরিবাঁ কী তলাশ।

১৩)   আমরা

হৃদয়ের সভাঘরে একসারি নিভে যাওয়া বাতি নিয়ে,
সূর্যালোকে সন্ত্রস্ত, নৈরাশ্য-তাড়িত,
প্রিয়তমার সৌন্দর্যের বয়ে চলা রঙিন কল্পনার মতো,
আমরা আমাদের নিজস্ব অন্ধকারের সঙ্গে বিজড়িত হয়ে আঁকড়ে
ধরে থাকি;
লাভ এবং ক্ষতির অভিপ্রায়, প্রারম্ভ ও সমাপ্তির দর্শন,
সেই একই নিষ্ফল জিজ্ঞাসা, সেই একই নিরর্থক প্রশ্ন,
আজকের মুহূর্তের বিবর্ণতায় পরিশ্রান্ত,
অতীতের স্মৃতি-ভারে ব্যথিত, আগামীকালের ভীতিতে পক্ষাঘাত-
গ্রস্ত।
তৃষ্ণার্ত ভাবনা যা শান্তি পায়না
জ্বলন্ত অশ্রু যা চোখে আসেনা,
এক তীব্র বেদনা যা সঙ্গীতে পরিণত হয়না,
হৃদয়ের অন্ধকার সঙ্কীর্ণতা থেকে মুক্তি পায়না।

আর প্রতিকারের জন্য আরও একটি জটিল, বিভ্রান্ত অনুসন্ধান
মরু ও কারাগারের আকাঙ্ক্ষা, জীর্ণ এক পরিচ্ছদের অনুসন্ধান।

১৪)   এক সিয়াসী লিডর্ কে নাম

সাল-হা-সাল ইয়ে বে-আস্‌রা, জক্‌ড়ে হুয়ে হাত
রাত কে শখ্‌ত ও সিয়া সীনে মেঁ পয়ওয়স্ত রহে,
জিস্‌ তরহ্‌ তিন্‌কা সমুন্দর সে হো সরগম্‌-এ-সতেজ্ঞ,
জিস্‌ তরহ্‌ তিতরি থুহসার পে ইয়লগার করে;

ঔর অব্‌ রাত কে সংগিন ও সিয়া সীনে মেঁ
ইত্‌নে ঘাও হুয় কে জিস্‌ সিম্‌ত্‌ নজ্‌র যাতি হুয়
জা-ব-জা নূর-নে এক জাল-সা বুন্‌-রখা হুয়,
দূর সে সুবহ্‌ কি ধড়কন্‌ কি সদা আতী হুয়।

তেরা সর্‌মায়া, তেরি আস ইয়েহি তো হুয়!
ঔর কুছ হুয় ভী তেরে পাস? ইয়েহি হাত তো হুয়।

তুঝকো মনজুর নহিঁ গ়লবহ্‌-এ-জুল্‌মত্‌, লেকিন্‌
তুঝকো মনজুর হুয় ইয়ে হাথ ক়লম্‌ হো-যায়েঁ,
ঔর মশ্‌রিক় কি কর্মিঁ-গহ্‌ মেঁ ধড়কতা হুয়া দিন্‌
রাত কি আহনী মইয়ত্‌ কে তলে দব্‌-জায়ে!

১৪)   একজন রাজনৈতিক নেতার প্রতি

বছরের পর বছর এই নিরাশ্রয়, শৃঙ্খলিত হাত
রাতের কঠিন কালো বুকে লেগে থেকেছে,
যেমন করে একটি খড়কুটো সমুদ্রের সঙ্গে কলহে প্রবৃত্ত হয়,
যেমন করে একটি প্রজাপতি পর্বতকে আক্রমণ করে;

আর এখন রাতের ওই প্রস্তরময় কালো বুকে
এতগুলি ক্ষত, যে যেদিকেই চোখ পড়ে
সবখানে আলোক এক জালের মতো বুনে রেখেছে,
দূর থেকে ভোরের হৃদয়ের স্পন্দনের শব্দ ভেসে আসছে।

তোমার সম্পদ, তোমার আশা এই হাত-ই তো!
আর কিছু আছে তোমার কাছে? এই হাত-ই তো আছে।

তুমি অন্ধকারের বিজয় মেনে নিতে পারোনা, কিন্তু
মেনে নিতে পারো যদি এই হাত কর্তিত হয়
আর পূর্বাঞ্চলের ওৎ পেতে থাকা যোদ্ধাদের স্পন্দিত দিনগুলো
রাতের ওই লৌহ মৃতদেহের নীচে চাপা পড়ে যায়।

১৫)   অয়ে দিল্-এ-বে-তাব, ঠহর্

তিরাগী হ্যয় কে উম্ভতি-হি চলি যাতি হ্যয়
শব্ কি রগ্ রগ্ সে লহু ফুট রহা হো য়্যায়সে;
চল্ রহি হ্যয় কুছ ইস্ অন্দাজ্ সে নবজ্-এ-হসতি
দোনো আলম্ কা নশা টুট রহা হো য়্যায়সে।

রাত কা গর্ম লহু ঔর ভি বহ্ যানে দো
ইয়েহি তারিকি তো হ্যয় গজহ্-এ-রুখসার-এ-সহর;
সুবহ্ হোনে কো তো হ্যয়; অয়ে দিল্-এ-বে-তাব, ঠহর্।

অভি জ়ঞ্জির ছন্কি হ্যয় পস্-এ-পর্দা-এ-সাজ়,
মুতলক্ উল্-হুকম্ হ্যয় শিরাজ়হ্-এ অসবাব অভি,
সাগর-এ-নাও মেঁ আসুঁ ভি ঢলক্ যাতে হ্যয়,
লগ্জ়িশ্-এ-পা মেঁ হ্যয় পাবন্দি-এ-আদাব অভি।

অপনে দিওয়ানোঁ কো দিওয়ানা তো বন্ লেনে-দো,
অপনে ময়খানোঁ কো ময়খানা তো বন্ লেনে-দো,
জলদ্ ইয়ে সতওয়ত্-এ-অসবাব ভি উঠ্-যায়েগী,
ইয়ে গিরাঁবারি-এ-আদাব ভি উঠ্-যায়েগী,

খোওয়াহ্ জ়ঞ্জির ছনকতি-হি, ছনকতি-হি রহে।

১৫)   হে আমার অস্থির হৃদয়, শান্ত হও

এমন একটি অন্ধকার যা ক্রমশ বেড়েই চলেছে
রাত্রির প্রতিটি শিরা থেকে যেন রক্ত উৎসারিত হচ্ছে;
অস্তিত্বের স্পন্দন এমন ভাবে চলেছে
যেন দুই জগতের নেশা টুটে যাচ্ছে।

রাতের উষ্ণ রক্তস্রোত আরও বয়ে যেতে দাও;
এই আঁধার তো ঊষার কপোলের প্রসাধন-চূর্ণ;
এখনি প্রভাত হবে, হে আমার অশান্ত হৃদয়, একটু অপেক্ষা
করো।
সঙ্গীতের আবরণের আড়ালে এখনও শিকলের ঝঙ্কার,
এখনও সার্বভৌম ক্ষমতা কার্য-কারণের পরিকল্পনা —
বিশুদ্ধ পানপাত্রে অশ্রুও আবর্তিত হয়,
এখনও দৃঢ়তাহীন পদক্ষেপে রীতি-নীতির সীমাবদ্ধতা।

তোমার উন্মাদদের সত্যিকারের উন্মাদ হতে দাও,
তোমার শরাবখানাগুলিকে সত্যিকারের শরাবখানা হতে দাও,
জলদি এই প্রচলিত রীতি-নীতির স্বেরশাসন অপসারিত হবে,
এই গতানুগতিক প্রথার অত্যাচার অপসারিত হবে —

তবু সেই শিকল বেজেই চলে, আজও বেজেই চলে।

১৬)   মেরে হমদম্, মেরে দোস্ত

গর্ মুঝে ইস্ কা য়কীঁ হো, মেরে হমদম্ মেরে দোস্ত –
গর্ মুঝে ইস্ কা য়কীঁ হো, কে তেরে দিল্ কি থকন্,
তেরি আখোঁ কি উদাসী, তেরে সীনে কি জ্বলন্,
মেরি দিল্-জুই, মেরে প্যার সে মিট্ জায়েগী;

গর্ মেরা হর্ফ্-এ-তসল্লী উয় দওয়া হো জিস্-সে
জি উঠে ফির্ তেরা উজড়ে হুয়া বে-নূর দিমাগ।
তেরি পেশানী সে ধুল জায়েঁ ইয়ে তজ্‌লিল কে দাগ
তেরি বিমার জওয়ানী কো শিফা হো যায়ে –

গর্ মুঝে ইস্ কা য়কীঁ হো, মেরে হমদম্ মেরে দোস্ত,
রোজ-ও-শব্, শাম-ও-সহর, ম্যয় তুঝে বহলাতা রহুঁ,
ম্যয় তুঝে গীত শুনাতা রহুঁ, হলকে, শিরিন,
আবশারোঁকে, বহারোঁকে, চমনজারোঁকে গীত,
আমদ্-এ-সুবহ্ কে, মহতাব কে, সইয়ারোঁ কে গীত;
তুঝ-সে ম্যয় হুস্ন ও মহব্বত কি হিকায়াত কহুঁ।

ক্যয়সে মঘ্রুর হসিনাওঁ কে বরফাব-সে জিসম্
গর্ম হাথোঁ কি হরারত মেঁ পিঘল্-যাতে হ্যঁয়;
ক্যয়সে এক চেহরে কে ঠহরে হুয়ে মানুস্ নকুস্
দেখতে দেখতে ইয়াক লখ্‌ত বদল্-যাতে হ্যঁয়।

১৬)   আমার সাখী, আমার বন্ধু

যদি আমি নিশ্চিত ভাবে জানতাম, আমার সাখী, আমার বন্ধু
যদি আমি নিশ্চিত ভাবে জানতাম, যে তোমার হৃদয়ের ক্লান্তি,
তোমার চোখের ওই অনাসক্তি, তোমার বুকের ওই জ্বালা,
আমার সমবেদনা, আমার ভালোবাসায় মিটে যাবে;

যদি আমার সমবেদনার বাণী হোত সেই ঔষধ, যাতে
তোমার নষ্ট হয়ে যাওয়া অনুজ্জ্বল মন আবার জেগে ওঠে;
তোমার ললাট হতে লাঞ্ছনার এই দাগ মুছে যায়
তোমার অসুস্থ যৌবন আবার তরতাজা হয়ে ওঠে –

যদি আমি একথা বিশ্বাস করতাম, আমার সাখী, আমার বন্ধু,
দিবারাত্রি, সকাল-সন্ধ্যা, আমি তোমায় আনন্দে রাখতাম,
তোমায় গান শোনাতাম – হাল্কা, সুধাময়,
ঝর্ণার, বসন্তের, আর উদ্যান-পথের গান,
ভোর বেলার, চাঁদের আলোর, গ্রহতারার গান,
তোমাকে সৌন্দর্য ও ভালোবাসার কাহিনী শোনাতাম।

কেমন করে অহংকারী সুন্দরীদের বরফের মতো শীতল শরীর,
উষ্ণ হাতের উত্তাপে বিগলিত হয়ে যায় –
কেমন করে একটি মুখের নিশ্চল প্রিয় মুখাকৃতি,
দেখতে দেখতে হঠাৎ সবকিছু পাল্টে যেতে থাকে।

কিস্‌ তরহ্‌ আরিজ়-এ-মহবুব কা শফ্‌ফাফ বিলৌর
যক-ব-যক বাদহ্‌-এ-এহমর্‌ সে দহক্‌ যাতা হ্যয়;
ক্যসে গুলচিন্‌ কে লিয়ে ঝুকতি হ্যয় খুদ্‌ শাখ-এ-গুলাব,
কিস্‌ তরহ্‌ রাত কা অইয়াঁল মহক্‌ যাতা হ্যয়।

য়ুঁ-হি গাতা রহুঁ, গাতা রহুঁ, তেরি খাতির্‌,
গীত বুনতা রহুঁ, ব্যয়ঠা রহুঁ, তেরি খাতির।
পর্‌ মেরে গীত তেরে দুখ্‌ কা মুদাওয়া হি নহিঁ,
নঘ্‌মা জররাহ্‌ নহিঁ, মুনিস্‌ ও গম্‌-খ্যোআর সহি;
গীত নিশ্তর তো নহিঁ, মরহম্‌-এ-আজ়ার সহি।

তেরে আজ়ার কা চারহ্‌ নহিঁ, নিশ্তর কে সিওয়া,
ঔর ইয়ে সফ্‌ফাক মসিহা মেরে ক়বজ়ে মেঁ নহিঁ,
ইস্‌ জাহাঁ কে কিসি জ়ি-রূহ্‌ কে ক়বজ়ে মেঁ নহিঁ,
হাঁ মগর্‌ তেরে সিওয়া, তেরে সিওয়া, তেরে সিওয়া।

কেমন করে প্রিয়তমার স্বচ্ছ স্ফটিকের মতো গাল
হঠাৎ রক্তিম সুরার প্রভাবে রাঙা হয়ে ওঠে;
কেমন করে গোলাপের শাখা নিজেকে মালাকরের দিকে নুইয়ে
দেয়;
আর কেমন করে রাতের সভাগৃহ সুগন্ধে ভরে ওঠে;

এমনি করে গান গেয়ে যাই, গান গেয়ে যাই, তোমার জন্য,
গানের জাল বুনি, আর বসে থাকি, তোমার জন্য।
কিন্তু আমার গান তোমার দুঃখের নিবারণ নয়,
সুর তো কোনও শল্য-চিকিৎসক নয়, যদিও তা সান্ত্বনা ও
সমবেদনা পূর্ণ;
গান অস্ত্র তো নয়, হয়তো ক্ষতের উপর একটু প্রলেপ হতে
পারে।

তোমার অসুখের কোনও নিবৃত্তি নেই অস্ত্রোপচার ছাড়া –
আর এই অস্ত্রোপচারকারী দেবদূত আমার অধীনে নেই,
এই পৃথিবীতে কোনও প্রাণীরই অধীনে নেই,
হ্যাঁ, শুধু তুমি ছাড়া, তুমি ছাড়া, তুমি ছাড়া।

দস্ত্‌-এ-সবা
(বাতাসের হাত)

১৭)   কিতা

মতা-এ-লও-কলম্ ছিন্-গঈ তো ক্যয়া গ়ম্ হয়,
কে খুন্-এ-দিল্ মেঁ ডবো-লী হাঁয় উন্গলিয়াঁ ম্যঁয়-নে।
জ়বাঁ পে মুহর লগি হয় তো ক্যয়া, কে রখ্-দি হয়
হরেক হলকহ়-এ-জ়ন্জীর মেঁ জ়বাঁ ম্যঁয়-নে।

১৭)   স্তবক

যদি আমার মালিকানা থেকে আমার লেখার ফলকটি আর কলম
কেড়ে নেওয়া হয় তো দুঃখ কিসের,
হৃদয়ের রক্তে আমি আমার আঙুলগুলি ডুবিয়ে নিয়েছি।
বাকশক্তি সীলমোহর করে বন্ধ করা – তাতে কি হয়েছে,
আমি তো শিকলের প্রতিটি চক্রের মাঝে আমার বাণী লিখে
রেখেছি।

১৮) *গজল*

কভি কভি ইয়াদ মেঁ উভরতে হ্যাঁয় নকশ্-এ-মাজ়ি মিটে মিটে-সে,

উয় আজমায়েশ দিল্-ও-নজ়র কি, উয় কুরবতেঁ-সি, উয় ফাসিলে-সে,

কভি কভি আরজু কে সহরা মেঁ আকে রুকতে হ্যাঁয় কাফিলে-সে,

উয় সারি বাতেঁ লগাও কি সি, উয় সারে অন্ওয়াঁ ওইসাল কে সে।

নিগাহ ও দিল্ কো ক়রার ক্যয়সা, নিশাত ও গ়ম্ মেঁ কমী কহাঁ কি?

উয় যব্ মিলে হ্যাঁয় তো উন্-সে হরবার কি হ্যয় উলফত নয়ে সিরে সে।

বহত্ গিরাঁ হ্যয় ইয়ে অয়েশ-এ-তনহা, কহিঁ সবকতর কহিঁ গওয়ারা

উয় দর্দ-এ-পিনহাঁ কে সারি দুনিয়া রফিক় থি জিস্ কে ওয়াস্তে সে।

তুমহিঁ কহো রিন্দ ও মহতাসিব মেঁ হ্যয় আজ শব্ কৌন ফরক় অ্যায়সা,

ইয়ে আকে ব্যায়ঠে হ্যাঁয় ম্যায়কদে মেঁ, উয় উঠকে আয়ে হ্যাঁয় ম্যায়কদে সে।

১৮)   <u>গজল্</u>

কখনও কখনও স্মৃতি তে অতীতের ছবি অস্পষ্ট রূপে ভেসে
আসে,
হৃদয় ও দৃষ্টির সেই প্রতিদ্বন্দ্বিতা, এই কাছে আসে আবার ওই
দূরে সরে যায়;
কখনও কখনও প্রার্থনার মরুভূমিতে এসে ভ্রমণকারীর দলের
মতো থেমে যায়,
ওই সমস্ত কথা যেন স্নেহের মতো, সবকিছু যেন মিলনের
প্রতীক।
দৃষ্টি আর হৃদয়ে শান্তি কেমন করে আসবে, আনন্দ আর বেদনার
কমতি কোথায়?
তার সঙ্গে যখনই দেখা হয়, প্রতিবারই নতুন করে ভালোবাসার
সূত্রপাত হয়।
বড় ভার এই একাকীত্বের আনন্দের, কখনও ভারমুক্ত, কখনও
বা সহনীয় –
সেই গোপন ব্যথা, যার কারণে সারা দুনিয়া আমার সাথী
হয়েছিল।
তুমিই বলো, আজ রাতে একজন মদ্যপ এবং একজন রক্ষণশীলের
মাঝে বেশী কোনও তফাৎ আছে কি?
একজন এসে পানশালাতে বসেছে, আর অপরজন পানশালা থেকে
উঠে এলো।

১৯)   সুবহ্‌-এ-আজাদী   (আগস্ট ১৯৪৭)

ইয়ে দাগ্‌ দাগ্‌ উজালা, ইয়ে শব্‌-গ়জিদা সহর,
উয় ইন্তজ়ার থা জিস্‌-কা, ইয়ে উয় সহর তো নহিঁ,
ইয়ে উয় সহর তো নহিঁ জিস্‌-কি আরজু লে কর্‌
চলে থে ইয়ার কে মিল্‌-জায়েগি কহিঁ ন কহিঁ।

ফলক্‌-এ-দশত্‌ মেঁ তারোঁ কি আখ়িরি মঞ্জিল্‌,
কহিঁ তো হোগা শব্‌-এ-সস্ত মৌজ কা সাহিল্‌,
কহিঁ তো যাকে রুকেগা সফিন্‌-এ-গ়ম্‌-এ-দিল্‌।

জওয়াঁ লহু কি পর্‌-অসর্‌ শাহারোঁ সে
চলে যো ইয়ার তো দামন্‌ পে কিতনে হাত পড়ে;
দিয়ার-এ-হুস্ন কি বে-সব্র খোয়াবগাহোঁ সে
পুকারতি-রহিঁ বাহেঁ, বদন্‌ বুলাতে-রহে;
বহৎ অজিজ় থী লেকিন্‌ রুখ়্‌-এ-সহর্‌ কি লগন,
বহৎ করীঁ থা হসীনাঁ-এ-নূর কা দামন্‌,
সবক্‌ সবক্‌ থী তমন্না, দবী দবী থী থকান।

১৯)   স্বাধীনতার প্রভাত   (আগস্ট ১৯৪৭)

এই দাগ ধরা প্রভাত, এই রাতের কামড় খাওয়া প্রভাত,
সেই যার প্রতীক্ষায় ছিলাম, এতো সেই প্রভাত নয়,
এতো সেই প্রভাত নয় যার প্রার্থনা নিয়ে
বন্ধু, বেরিয়ে পড়েছিলাম এই ভেবে যে কোথাও না কোথাও
তার দেখা পেয়ে যাবো।
আকাশের মরু-প্রান্তরে তারাদের শেষ গন্তব্যস্থল,
কোথাও তো হবে ওই মন্থর রাত্রির ঢেউ গুলির বেলাভূমি,
কোথাও না কোথাও তো গিয়ে থামবে হৃদয়ের বেদনার
নৌকাখানি।
তরুণ রক্তের রহস্যময় রাজপথে
চলার সময় বন্ধু, আঁচলে কত না হাত পড়েছে;
সুন্দরের বাসস্থলের অস্থির শয়ন-গৃহ থেকে
ডেকে গেলো কত না বাহু, কত না শরীরের আহ্বান;
কিন্তু বড় প্রিয় ছিলো নিশান্তের মুখখানির সেই অনুরাগ,
বড় কাছের ছিলো সুন্দরের আলোকের আঁচল,
প্রাণবন্ত ছিলো সেই আকাঙ্ক্ষা, সামান্য ছিলো সেই ক্লান্তি।

সুনা হ্য়, হো ভী চুকা হ্য় ফিরাক্-এ-জুলমৎ-ও-নূর,
সুনা হ্য় হো ভী চুকা হ্য় ওইসাল্-এ-মঞ্জিল্-ও-গাম্ ;
বদল্ চুকা হ্য় বহুৎ অহল্-এ-দর্দ কা দস্তুর,
নিশাত-এ-উয়সল্ হলাল ও অজাব-এ-হিজ্র হরাম।

জিগর্ কি আগ, নজর্ কি উমংগ, দিল্ কি জলন্,
কিসি পে চার-এ-হজরান কা কুছ অসর্ হি নহিঁ।

কহাঁ সে আঈ নিগার-এ-সবা, কিধর্ কো গঈ?
অভি চরাগ্-এ-সর্-এ-রাহ্ কো কুছ খবর হি নহিঁ;
অভি গিরানী-এ-শব্ মেঁ কমী নহিঁ আঈ;

নজাত-এ-দিদ-ও-দিল্ কি ঘড়ি নহিঁ আঈ;
চলে-চলো কে উয় মঞ্জিল অভি নহিঁ আঈ।

একথা শুনেছি যে পদক্ষেপ আর গন্তব্যস্থলের মিলন সম্পূর্ণ
হয়েছে;
দুঃখী মানুষের রীতি-নীতি বড়ই পালটে গেছে,
মিলনের আনন্দ এখন পবিত্র আর বিচ্ছেদের যন্ত্রণা নিষিদ্ধ।

কলিজার আগুন, দৃষ্টির আলোড়ন, হৃদয়ের জ্বলন,
ওদের কারোর ওপর এই বিচ্ছেদের উপশমের কোনও প্রভাব
নেই।

এই সুন্দর ভোরের বাতাস কোথা হতে এলো, কোথায় বা চলে
গেলো?
পথের পাশে যে প্রদীপ, সে তো এখনও কোনও খবরই জানেনা;
ভারাক্রান্ত এই রাত্রির ভার এখনও তো কিছু কম হলোনা,

দৃষ্টি এবং হৃদয়ের মুক্তির লগ্ন তো আজও এলোনা।
চলো, চলতে থাকো কারণ আমাদের গন্তব্যস্থল এখনও আসেনি।

২০)   লওহ্‌-ও-কলম্‌

হম্‌ পরওয়রীশ-এ-লওহ্‌-ও-কলম্‌ করতে-রহেঙ্গে,
যো দিল্‌ পে গুজরতি হয় রক্‌ম্‌ করতে-রহেঙ্গে,
অসবাব-এ-গম্‌-এ-ঈশক্‌ বহম্‌ করতে-রহেঙ্গে,
ভীরানী-এ-দৌরান পে করম্‌ করতে-রহেঙ্গে।

হাঁ তল্‌খী-এ-অইয়াম অভি ঔর বঢ়েগী,
হাঁ অহল্‌-এ-সিতম্‌ মশক্‌-এ-সিতম্‌ করতে-রহেঙ্গে,
মনজুর ইয়ে তল্‌খী, ইয়ে সিতম্‌ হমকো গওয়ারা,
দম্‌ হয় তো মুদাওয়া-এ-অলম্‌ করতে-রহেঙ্গে।

ম্যয়খানা সলামত্‌ হয় তো হম্‌ সুখী-এ-ম্যয় সে
তজ্‌ঈন-এ-দর্‌-ও-বাম-এ-হরম করতে-রহেঙ্গে,
বাকী হয় লহু দিল্‌ মেঁ তো হর্‌ অশক্‌ সে প্যয়দা
রঙ্গ-এ-লব্‌-ও-রুখ্‌সার-এ-সনম্‌ করতে-রহেঙ্গে।

ইক্‌ টরজ্‌-এ-তঘাফুল হয় সো উয় উনকো মুবারক,
ইক্‌ অরজ্‌-এ-তমন্না হয় সো হম্‌ করতে রহেঙ্গে।

২০)   লেখার ফলক ও কলম

আমি আমার লেখার ফলক ও কলমকে সযত্নে লালন করে
যাবো,
আমি তাই লিখে যাবো যা আমার মনে আসে,
প্রেমের বেদনার উদ্দেশ্যে সঞ্চয় করেই যাবো,
পরিত্যক্ত এই যুগের পরে আমি আমার উপহার বর্ষণ করেই
যাবো।
হ্যাঁ, কালের এই তিক্ততা এখন আরো বাড়তেই থাকবে,
হ্যাঁ, অত্যাচারীরা অত্যাচারের প্রয়োগ চালিয়েই যাবে;
যুগের এই তিক্ততা মেনে নেবো, এই জুলুম আমি সইবো,
যতক্ষণ দেহে প্রাণ আছে, বেদনার উপশম আমি করতেই
থাকবো।
পানশালা যদি নিরাপদ থাকে, তবে রক্ত-রাঙা সুরা দিয়ে আমি
মন্দিরের দরজা ও চূড়া আমি সাজাতে থাকবো –
হৃদয়ে যদি রক্ত অবশিষ্ট থাকে, তবে প্রতিটি অশ্রুবিন্দু দিয়ে
প্রিয়তমার গাল ও ঠোঁটের লালিমা সৃষ্টি করেই যাবো।

যারা নিরপেক্ষতা অবলম্বন করেছে, তাদের অভিনন্দন জানাই
আকাঙ্ক্ষার একটি আবেদন আছে, আমি তাই করে যেতে থাকবো।

২১)   কিতা

ন পুছ্ জব্ সে তেরা ইন্‌তজ়ার কিত্‌না হ্য়,
কে জিন্ দিনোঁ সে মুঝে তেরা ইন্‌তজ়ার নহিঁ;
তেরা-হি অক্স্ হ্য় উন্ অজ়্‌নবি বাহারোঁ মেঁ
যো তেরে লব্, তেরে বাজু, তেরা কিনার নহিঁ।

২১)   স্তবক

আমাকে জিজ্ঞাসা কোরোনা আমি তোমার জন্য কবে থেকে
অপেক্ষা করছি,
সেই যবে থেকে যখন তোমার জন্য আমি অপেক্ষা করিনি;
শুধু তোমারই প্রতিমা ছিলো সেই অপরিচিত বসন্ত –
যা কিনা তোমার অধর, তোমার বাহু, তোমার আলিঙ্গন নয়।

২২)   কিতা

সবা কে হাথ মেঁ নরমী হয় উন্কে হাথোঁ কি;
ঠহর্ ঠহর্-কে হোতা হয় আজ দিল্ কো গুমাঁ
উয় হাথ ঢুন্ড-রহে হ্যঁয় বিসাট-এ-মহফিল্ মেঁ
কে দিল্ কে দাগ কহাঁ হয়, নিশস্ত-এ-দর্দ কহাঁ।

২২)   স্তবক

ভোরের হাওয়ায় যেন তার হাতের কোমলতা মাখা আছে;
আজ, থেকে থেকে হৃদয়ে এই কথা জেগে উঠছে
সেই হাত যেন সকল জন-সমাবেশের মাঝে খুঁজে চলেছে
হৃদয়ের ক্ষত-চিহ্ন কোথায় — বেদনার বসতি কোথায়।

২৩)   শোরিশ-এ-বরবট-ও-নই

পহলী আওয়াজ্

অব্ সঙ্গ কা ইমকাঁ ঔর নহিঁ, পরওয়াজ্ কা মজমুন হো ভি
চুকা,
তারোঁ পে কমনদেঁ ফ্যেঁক-চুকে, মহতাব পে শবখুন হো ভি
চুকা;
অব্ ঔর কিসি ফর্দা কে লিয়ে ইন্ আখোঁ সে ক্যায়া পয়মান
কিজে,
কিস্ খোয়াব কে ঝুটে অফসুন সে তস্কিন-এ-দিল্-এ-নাদাঁ
কিজে?

শিরিনি-এ-লব্, খুসবু-এ-দহন, অব্ শওক্ কা উনওয়াঁন কোঈ
নহিঁ;
শাদাবী-এ-দিল্, তফ্রীহ-এ-নজর্, অব্ জিস্ত কা দরমান কোঈ
নহিঁ।
জিনে ক্যা ফসানে রহনে-দো, অব্ উন্ মেঁ উলঝকর্ ক্যায়া
লেংগে?
ইক্ মওত কা ধন্দা বাকি হ্যায়, জব্ চাহেঙ্গে লিপ্টা লেংগে;
ইয়ে তেরা কাফন, উয় মেরা কফন্, ইয়ে মেরি লহদ, উয়
তেরি হ্যায়।

২৩) বীণা ও বাঁশীর কলতান

প্রথম স্বর

এখন আর উদ্যমের শক্তি নেই, উড়ানের পর্বটি আজ পুরোপুরি
নিঃশেষ হয়ে গেছে,
তারাদলের দিকে ফাঁস ছুঁড়ে দেওয়া, চাঁদের উপর নিশি-আক্রমণ
ও শেষ হয়ে গেছে;
এখন অন্য কোনও ভবিষ্যতের জন্য এই চোখদুটির সামনে কি
প্রতিজ্ঞা করবে,
কোন স্বপনের মিথ্যা জাদুবলে এই অবুঝ হৃদয় কে সহানুভূতি
জানাবে?

অধরের মাধুরী, সুগন্ধী মুখ, এখন আর প্রেমের প্রতীক নয়;
হৃদয়ের তারুণ্য, দৃষ্টির উল্লাস, এখন আর জীবনের ঔষধ নয়।
বেঁচে থাকার কাহিনীগুলি কে ছেড়ে দাও, এখন আর তাতে
জড়িয়ে পড়ে কি লাভ?
এক শুধু মৃত্যুর কারবার বাকি আছে, যখনই চাইবো তা সম্পন্ন
করে ফেলবো;
এইটি তোমার কাফন, ওটি আমার কাফন, এইটি আমার কবর,
ওটি তোমার।

দুসরী আওয়াজ

হস্তি কি মতা-এ-বে-পায়ান, জাগির্ তেরি হয় ন মেরি হয়,
ইস্ বজ্ম মেঁ অপনি মশাল-এ-দিল্ বিসমিল্ হয় তো ক্যা়,
রখশাঁন হয় তো ক্যা়?
ইয়ে বজ্ম চরাগাঁন রহতি হয়, এক টাক্ অগর্ ভীরান হয় তো
ক্যা়?
অফসুর্দা হাঁয় গর্ অইয়াম তেরে, বদলা নহিঁ মসলক-এ-শাম-
ও-সহর,

ঠহরে নহিঁ মওসম্-এ-গুল্ কে কদম্, ক্ব়াইম হয় জমাল-এ-
শমস্-ও-ক্বমর্,
আবাদ হয় ওয়াদি-এ-লব্, শাদাব ও হসিঁ গুলগস্তে-এ-নজর্,
মক্সুম হয় লজ্জত্-এ-দর্দ-এ-জিগর্, মওজুদ হয় নিমত্-এ-
দিদা-এ-তর্;
ইস্ দিদা-এ-তর্ কা শুকর্ করো, ইস্ জৌক-এ-নজর্ কা
শুকর্ করো,
ইস্ শাম-ও-সহর্ কা শুকর্ করো, ইন্ শমস্-ও-ক্বমর্ কা
শুকর্ করো।

দ্বিতীয় স্বর

অস্তিত্বের এই অসীম ধন-দৌলত – এতো তোমার সম্পত্তি নয়,
আমারও নয়,
এই সভায় যদি আপন হৃদয়ের মশালটি নিভে যায়, তাতে কি?
যদি জ্বলে ওঠে, তাতেই বা কি?
এই সভা আলোকিত হয়ে রয়েছে, একটি কোনা যদি নিঃসঙ্গ পড়ে
থাকে তাতে কি?
তোমার দিনগুলি যদি প্রাণহীন হয়, তা হলেও-সাঁঝ-সকালের এই
নিয়ম তো পালটাবেনা,

গোলাপের মরশুমের পদক্ষেপ তো থেমে থাকেনি, চন্দ্র সূর্যের
সৌন্দর্যও তো অটুট রয়েছে,
চূর্ণকুন্তল ও অধরের উপত্যকা জনবহুল রয়েছে, কানন বিচরণ-
কারী দৃষ্টি তাজা এবং মনোরম,
কলিজার বেদনার যে আনন্দ তা নির্দিষ্ট রয়েছে, জলে ভেজা
চোখের আশীর্বাদ সঞ্চিত রয়েছে,
এই জলে ভেজা চোখকে ধন্যবাদ জানাও, এই দৃষ্টির উল্লাসকে
কৃতজ্ঞতা জানাও,
এই সন্ধ্যা ও সকালকে ধন্যবাদ জানাও, এই চন্দ্র সূর্যকে
কৃতজ্ঞতা জানাও।

পহলী আওয়াজ

গর্ হ্যয় ইয়েহি মসলক্-এ-শমস্-ও-কুমর্, ইন্ শমস্-ও-কুমর্
কা ক্যয়া হোগা?
রনাঈ-এ-শব্ কা ক্যয়া হোগা, অন্দাজ্-এ-সহর্ কা ক্যয়া
হোগা?
যব্ খুন্-এ-জিগর্ বর্ফাব বনা, যব্ আঁখে আহন্-পোশ হুঈঁ,
ইস্ দিদা-এ-তর্ কা ক্যয়া হোগা, ইস্ জৌক-এ-নজ্‌র্ কা ক্যয়া
হোগা?
যব্ শের কে খাইমে রাখ্ ছয়ে, নঘমোঁ কি টনাবেঁ টুট গয়েঁ,

ইয়ে সাজ কহাঁ সর্ ফোড়েঙ্গে, ইস্ কিল্ক-এ-গুহর্ কা ক্যয়া
হোগা?
যব্ কুঞ্জ-এ-কুফস্ মসকন্ ঠহরা, ঔর জইব্-ও-গরীবাঁন টৌক-
ও-রসন্,
আয়ে কে ন আয়ে মওসম্-এ-গুল্, ইস্ দর্দ-এ-জিগর্ কা ক্যয়া
হোগা?

প্রথম স্বর

এই যদি চন্দ্র ও সূর্যের নিয়ম হয়ে থাকে, তবে এই চন্দ্র ও
সূর্যের কি হবে?
রাত্রির মায়াজালের কি হবে, প্রভাতের লাবণ্যের কি হবে?
যখন কলিজার রক্ত বরফে পরিণত হয়েছে, যখন লৌহ-জালে
ঢাকা পড়ে গেছে দৃষ্টি,
এই অশ্রুজলের কি হবে, দৃষ্টির এই আনন্দের কি হবে?
কবিতার তাঁবু যখন ছাই হয়ে গেছে, সঙ্গীতের তাঁবুর দড়ি গুলো
ছিঁড়ে গেছে,

এই বীণা কোথায় মাথা খুঁড়ে মরবে, কলমের এই মুক্তো গুলির
কি হবে?
যখন খাঁচার একটি কোনা বাসস্থল হয়েছে, আর পরিচ্ছদের
কলার হয়েছে লোহা এবং দড়ি,
গোলাপের মরসুম আসে কি না আসে, এই হৃদয় বেদনার কি
হবে?

দুসরী আওয়াজ

ইয়ে হাথ সলামত হ্য় য়ব তক্, ইস্ খুন মেঁ হরারত হ্য় য়ব
তক্,
ইস্ দিল্ মেঁ সদাক্‌ত হ্য় য়ব তক্, ইস্ নুক্ত মেঁ তাক্‌ৎ হ্য়
য়ব তক্,
ইন্ তৌক-ও-সলাসল্ কো হম্ তুম্ সিখলায়েঙ্গে শোরিশ-এ-
বরবৎ-ও-নই,
উয় শোরিশ জিস্-কে আগে জ়বান হঙ্গামা-এ-তবল্-এ-কায়সর-
ও-কাই।

আজ়াদ হ্য় অপনে ফিক্র-ও-অমল্, ভরপুর খ়জ়িনা হিম্মত কা,

এক উম্ম হ্য় অপনি হর সায়ত, ইমরুজ হ্য় অপনা হর ফর্দা;

ইয়ে শাম-ও-সহর, ইয়ে শমস্-ও-ক়মর, ইয়ে অখতর ও কৌকব
অপনে হাঁয়,

ইয়ে লওহ-ও-কলম্, ইয়ে তগ ও অলম্, ইয়ে মাল ও হশম্, সব
অপনে হাঁয়।

দ্বিতীয় স্বর

যতক্ষণ এই হাত সক্রিয় আছে, যতক্ষণ এই রক্তে উষ্ণতা আছে,

এই হৃদয়ে যতক্ষণ সততা আছে, এই মনে যতক্ষণ শক্তি আছে,

এই গলার লৌহ বেড়ি আর শিকলদের তুমি আর আমি শিখিয়ে
দেবো বীণা আর বাঁশীর কলতান,
সেই কলতান যার সামনে সীজার এবং কাঙ্গ এর ঢোলের
হউগোলও ক্ষীণ হয়ে যায়।

আমাদের চিন্তা ও কর্ম স্বাধীন, সাহসের রাজকোষ ভরপুর হয়ে
আছে,
আমাদের প্রতিটি মুহূর্ত এক জীবনকাল, প্রতিটি আগামীকাল
আমাদের আজকের দিন;
এই সকাল ও সন্ধ্যা, এই চন্দ্র সূর্য, এই তারাদল এবং নক্ষত্রপুঞ্জ
আমাদেরই,

এই লেখার ফলক এবং কলম, এই ঢাক এবং পতাকা, এই ঐশ্বর্য
ও জাঁকজমক সবই আমাদের।

২৪)   কিতা

ফির্ হশর্ কে সামান হয়ে অইওয়ান-এ-হভস্ মেঁ;

ব্যয়ঠে হাঁয় জভি-অল্-আদল্, গুনেগার খড়ে হাঁয়।
হাঁ, জুর্ম-এ-ওয়াফা দেখিয়ে কিস্ কিস্-পে হয় সাবিত্;
উয় সারে খতাকার সর্-এ-দার খড়ে হাঁয়।

২৪)   স্তবক

আজ আবার কামনার সভাঘরে শেষ–বিচারের প্রস্তুতি শুরু
হয়েছে;
বিচারপতিরা বসে আছেন, অপরাধীরা দাঁড়িয়ে আছে।
হ্যাঁ, দেখুন কার কার বিরুদ্ধে বিশ্বস্ততার অপরাধ প্রমাণিত হয়;
ওই সব দুর্বৃত্তরা ফাঁসিকাঠের পাশে দাঁড়িয়ে আছে।

২৫)   তোক-ও-দার কা মওসম্

রভিস্-রভিস্ হয় উয়হি ইন্তজার কা মওসম্,
নহিঁ হয় কোঈ ভি মওসম্ বহার কা মওসম্।
গিরান হয় দিল্ পে গম্-এ-রোজ্‌গার কা মওসম্,
হয় আজ্‌মাঈশ-এ-হুস্ন-এ-নিগার কা মওসম্।

খুশা নজ্‌ারা-এ-রুখ্‌সার-এ-য়ার কি সাঅত্‌,
খুশা করার-এ-দিল্-এ-বেকরার কা মওসম্।
হদীশ-এ-বাদহ-ও-সাকী নহিঁ, তো কিস্ মসরফ
খিরাম-এ-অব্র-এ-সর্-এ-কোহসার কা মওসম্?

নসীব সহবৎ-এ-য়ারাঁন নহিঁ, তো ক্যা কিজে
ইয়ে রকস্-এ-সায়া-এ-সর্ব-ও-চনার কা মওসম্?

২৫)   হাতকড়ি আর ফাঁসি-কাঠের ঋতু

পথের পর পথে সেই একই অপেক্ষার মরসুম,
কোনও মরসুমই বসন্তের মরসুম নয়।
হৃদয়ের পরে ভার হয়ে রয়েছে জীবিকা-নির্বাহের যন্ত্রণার মরসুম,
প্রিয়তমার সৌন্দর্যকে যাচাই করে দেখার মরসুম।

প্রিয় বন্ধুর মুখখানি দেখতে পাওয়ার আনন্দময় মুহূর্ত,
অশান্ত হৃদয়ে শান্তির আনন্দময় মরসুম।
যদি সুরা এবং সাকীর কোনও প্রশ্নই নেই, তবে কি দরকার
পর্বতের উপর দিয়ে মেঘ ভেসে যাওয়ার মরসুমের?

বন্ধুর সাহচর্য ভাগ্যে নেই, তো কি বা প্রয়োজন
এই সাইপ্রাস আর চিনার গাছের ছায়ার নাচের মরসুমের?

ইয়ে দিল্ কে দাগ় তো দুখতে থে য়ুঁ ভি, পর় কম্ কম্,
কুছ্ অবকে হয় হজরান-এ-য়ার় কা মওসম্।
ইয়েহি জুনুন কা, ইয়েহি তৌক-ও-দার় কা মওসম্,
ইয়েহি হয় জব্র, ইয়েহি ইখ়তিয়ার় কা মওসম্।

হয় বস্ মেঁ তুমহারে, তুমহারে বস্ মেঁ নহিঁ
চমন্ মেঁ আতশ়-এ-গুল্ কে নিখার় কা মওসম্।
সবা কি মস্তু খ়িরামি তহ-এ-কমন্দ নহিঁ,
অসির়-এ-দাম নহিঁ হয় বহার় কা মওসম্।

বলা সে, হম্ নে ন দেখা তো অর দেখেগে
ফুরোঘ়-এ-গুলশন্ ও সওত-এ-হজ়ার় কা মওসম্।

এই হৃদয়ের ক্ষতস্থান তো ব্যথিত হয় এমনিই, কিন্তু অল্প অল্প,
এবার যেন একটু অন্যরকম বন্ধুর সঙ্গে বিচ্ছেদের মরসুম।
এই তো উন্মাদনার, এই তো হাতকড়ি আর ফাঁসিকাঠের মরসুম,
এই তো জুলুম, এই তো বাছাই করার অধিকারের মরসুম।

তোমার অধিকারে আছে পিঞ্জর, কিন্তু তোমার অধিকারে নেই
বাগানে ওই গোলাপের আগুনের উজ্জলতার মরসুম।
ভোর বেলাকার পাগলা হাওয়ার গতি দড়ির ফাঁসে ধরা দেয়না,
বসন্তের মরসুম কে ফাঁদে ফেলে বন্দী করা যায়না।

যাই হোক না কেন, আমি যদি না দেখি তবে অন্য কেউ
দেখবে
গোলাপ-বাগানের উজ্জলতা আর বুলবুলির গানের মরসুম।

২৬)   সর্‌-এ-মক্‌তল্‌ (কওয়ালী)

কহাঁ হ্যয় মন্‌জিল-এ-রাহ্‌-এ-তমন্না হম্‌ ভি দেখেঙ্গে,
ইয়ে শব্‌ হম্‌ পর্‌ ভি গুজরেগী, ইয়ে ফর্দা হম্‌ ভি দেখেঙ্গে;
ঠহর্‌, অয় দিল্‌, জমাল-এ-রু-এ-জ়েবা হম্‌ ভি দেখেঙ্গে।

জ়রা সইকল্‌ তো হো লে তিশনগী বাদহ্‌-গুসারোঁ কি,
দবা রকখেঙ্গে কব্‌ তক্‌ জোশ-এ-সহবা হম্‌ ভি দেখেঙ্গে,
উঠা রকখেঙ্গে কব্‌ তক্‌ জাম-ও-মিনা হম্‌ ভি দেখেঙ্গে।

সলা আ তো চুকে মহফিল্‌ মেঁ উঁস্‌ কু-এ-মলামত সে,
কিসে রোকেগা শোর্‌-এ-পন্দ্‌-এ-বে-জা হম্‌ ভি দেখেঙ্গে,
কিসে হ্যয় যাকে লৌট আনে কা ইয়ারা – হম্‌ ভি দেখেঙ্গে।

২৬)   বধ্যভূমিতে   (গীত)

কোথায় আছে আকাঙ্খার পথের শেষ পরিণতি, আমরাও দেখবো,
এই রাত্রি আমাদেরও উপর দিয়ে কেটে যাবে – এই আগামীকাল
আমরাও দেখবো,
অপেক্ষা করো, হে হৃদয়, তার অপরূপ মুখখানির সৌন্দর্য –
আমরাও দেখবো।

পানাসক্তদের তৃষ্ণা আরও একটু তীব্র হয়ে উঠতে দাও,
ওরা কতকাল অবধি আঙুর-রসের আগ্রহ দমন করে থাকতে
পারে –আমরাও দেখবো,
পেয়ালা ও ভৃঙ্গার কতক্ষণ তারা সরিয়ে রাখতে পারে, আমরাও
দেখবো।

তিরস্কারের পথ থেকে এই সভাগৃহে পরওয়ানা তো এসে গেছে,
অপদার্থ মন্ত্রণার কোলাহল ওরা কেমন করে রুখবে আমরাও
দেখবো,
চলে গিয়ে আবার ফিরে আসার সাহস কার আছে, আমরাও
দেখবো।

চলে হঁায় জান-ও-ইমান আজমানে আজ দিল্-ওয়ালে;
উয় লায়ঁে লশকর্-এ-আগিয়ার-ও-অদা হম্ ভি দেখেঙ্গে,
উয় আয়ঁে তো সর্-এ-মক্তল্, তমাশা হম্ ভি দেখেঙ্গে।

ইয়ে শব্ কি আখরী সআত্ গিরাঁ ক্যয়সি ভি হো, হমদম্,
জো ইস্ সআত্ মেঁ পিনহাঁ হ্যয় উজালা হম্ ভি দেখেঙ্গে,
জো ফরক্-এ-সুবহ্ পর্ চমকেগা তারা, হম্ ভি দেখেঙ্গে।

আজ হৃদয়বান মানুষগুলি চলেছে প্রাণ ও বিশ্বস্ততার পরীক্ষা
দিতে;
ওরা আনছে শত্রু ও প্রতিদ্বন্দ্বীর সেনাদল, তাদের আমরাও
দেখবো।
ওরা যদি বধ্যভূমিতে আসে, তবে তামাশা আমরাও দেখবো।

ওগো বন্ধু, রজনীর এই শেষ প্রহর যতই কঠিন হোক না কেন;
আমরাও দেখবো সেই উজ্জ্বলতা যা এই প্রহরে লুকিয়ে আছে;
প্রভাতের শীর্ষে যে তারাটি জ্বলে উঠবে, তাকে আমরাও দেখবো।

২৭) কিতা

হমারে দম্ সে হয় কু-এ-জুনুন মেঁ অব্ ভি খাজিল্

অবা-এ-শয়েখ ও কবা-এ-অমির ও তাজ-এ-শাহি;
হমিঁ-সে সুন্নত-এ-মনসুর-ও-ক্যেস জিন্দা হয়,

হমিঁ-সে বাকি হয় গুল্-দামনী ও কজ্-কুলাহি।

২৭)   স্তবক

আমরা বেঁচে আছি তাই, উল্লাসের পথে আজও হতভম্ব হয়ে
আছে
ধার্মিকের আলখাল্লা, অভিজাতের পোশাক, ও রাজকীয় তাজ।
আমাদের মধ্য দিয়েই মনসুর আর ক্যয়েস এর ঐতিহ্য বেঁচে
আছে,
আমাদের কারণেই বেঁচে আছে গোলাপ-লাগানো আঁচল আর টুপি
কাত করা।**

** টুপি ঝুঁকিয়ে অভিবাদন করা

২৮)   গজল্

শফক্ কি রাখ মেঁ জ্বল-বুঝ গ্যয়া সিতারা-এ-শাম,
শব্-এ-ফিরাক্ কে গেসু ফজা মেঁ লহরায়ে।
কোঈ পুকারো কে এক উম্র হোনে আঈ হ্যয়
ফলক্ কো কাফিলা-এ-রোজ্-ও-শাম ঠহরায়ে।

ইয়ে জিদ্ হ্যয় ইয়াদ-এ-হরিফান-এ-বাদহ-পইমা কি
কে শব্ কো চান্দ্ ন নিকলে, ন দিন কো অব্ আয়ে
সবা-নে ফির্ দর্-এ-জিন্দান পে আকে দি দস্তক্
সহর্ করীব হ্যয়, দিল্ সে কহো ন ঘবরায়ে।

২৮)   গজল্‌

সন্ধ্যাতারা গোধূলির ভস্মে জ্বলে পুড়ে শেষ হয়ে গেছে,
বিরহ-রাত্রির কালো চুল আকাশে ঢেউ তুলেছে।
কেউ ডাক দাও, যেন একটি জীবন অতিক্রান্ত হয়ে এলো
স্বর্গ যেন দিবা-রাত্রির এই মিছিলকে থামিয়ে রেখেছে।

পানপাত্রের ঘনিষ্ঠ দোসরদের ভুলে যাওয়া স্মৃতির এই জেদ
যে, রাত্রে যেন চাঁদ না ওঠে, দিনের বেলা মেঘ না ঘনিয়ে
আসে।
ভোরের হাওয়া আবার এসে কারাগারের দুয়ারে আঘাত করেছে
অরুণোদয় হলো বলে, হৃদয়কে বলো যেন ভীত না হয়।

২৯)   দো ঈশ্‌ক্

তাজা হ্য় অভি ইয়াদ মেঁ, অয় সাকি-এ-গুল্-ফাম,
উয় অকস্-এ-রুখ-এ-য়ার সে লহকে হুয়ে অইয়াম,
উয় ফুল সি খিলতি হুই দিদার কি সআত,
উয় দিল্ সা ধড়কতা হুয়া উম্মীদ কা হঙ্গাম –

উম্মীদ কে লো জগা গ়ম্-এ-দিল্ কা নসিবহ্,
লো শওক কি তরসি হুই শব্ হো-গঈ আখির,
লো ডুব-গয়ে দর্দ কে বে-খোয়াব সিতারে,
অব্ চমকেগা বে-সব্র নিগাহ্ কা মুকদ্দর।

ইস্ বাম সে নিকলেগা তেরে হুস্ন কা খুরশীদ,
উস্ কুনজ্ সে ফুটেগী কিরণ রঙ্গ-এ-হিনা কি,
ইস্ দর্ সে বহেগা তেরি রফতার কা সিমাব,
উস্ রাহ্ পে ফুলেগি শফক্ তেরি কবা কি।
ফির্ দেখে হাঁয় উয় হিজর্ কে তপতে হুয়ে দিন্ ভি
যব্ ফিক্র-এ-দিল্-ও-জাঁ মেঁ ফুগাঁ ভুল-গঈ হ্য়,
হর্ শব্ উয় সিয়া বোঝ সে দিল্ বয়েঠ গ্য়া হ্য়,
হর্ সুবহ্ কি লও তীর-সি সিনে মেঁ লগি হ্য়।

২৯) **দুটি প্রেম**

ও আমার গোলাপের মতো (সুন্দর) প্রিয়া, আমার স্মৃতিতে
এখনও উজ্জ্বল হয়ে আছে
প্রেমিকার মুখ-শোভার ছায়ায় আনন্দময় ওই দিনগুলির কথা,
ওই ফুলের মতো ফুটে ওঠা মিলনের মুহূর্ত,
ওই হৃদয়ের মতো স্পন্দিত, আশা আকাঙ্খার কোলাহল –

আশা করো কি যে ঐ জেগেছে দুঃখী হৃদয়ের সৌভাগ্য,
ঐ অবসান হলো ভালবাসায় ব্যাকুল রাত্রির প্রতীক্ষা,
ঐ ডুবে গেল বেদনার স্বপ্নহীন তারাগুলি,
এখন অধৈর্য এই দৃষ্টির সৌভাগ্য প্রদীপ্ত হবে।
এই ছাদ থেকে তোমার সৌন্দর্যের সূর্য উদিত হবে,
ঐ কোনটি থেকে হেনা-রঙের কিরণ ফুটে উঠবে,
এই দরজা দিয়ে পারার মতো প্রবাহিত হবে তোমার চলনভঙ্গি,
ঐ পথের পরে তোমার পরিচ্ছদের গোধূলি প্রস্ফুটিত হবে।

আবার দেখলাম বিচ্ছেদের ঐ উত্তপ্ত দিনগুলিও
যখন হৃদয় ও আত্মার উদ্বেগে বিলাপ ভুলে গেলাম,
প্রতি রাত্রির সেই অন্ধকার বোঝা আমার হৃদয়কে ভারাক্রান্ত
করেছে,
প্রতি প্রভাতের অগ্নিশিখা তীরের মতো আমার বক্ষ বিদীর্ণ
করেছে।

তনহাঈ মেঁ ক্যয়া ক্যয়া ন তুঝে য়াদ কিয়া হয়,
ক্যয়া ক্যয়া ন দিল্-এ-জ়ার-নে ঢুনডি হ্যঁয় পনাহেঁ
আখোঁ সে লগায়া হয় কভি দসত্-এ-সবা কো,
ডালি হয় কভি গর্দন্-এ-মহতাব মেঁ বাহেঁ।

চাহা হয় ইসি রঙ্গ মেঁ লায়েলা-এ-ওয়তন্ কো,
তড়্পা হয় ইসি তৌর সে দিল্ উসকি লগন্ মেঁ,
ঢুনডি হয় ইয়ুঁ-হি শওক্ নে আসাঈশ্-এ-মনজ়িল্ –
রুখ্সার কে খম্ মেঁ, কভি কাকুল কি শিকন্ মেঁ;

উস্ জান-এ-জাহাঁ কো ভি ইয়ুঁ হি ক়ল্ব্-ও-নজ়র্-নে
হঁস্ হঁস্ কে সদা দী; কভি রো-রোকে পুকারা।
পুরে কিয়ে সব্ হর্ফ-এ-তমন্না কে তকাজ়ে,
হর্ দর্দ কো উজিয়ালা, হরেক গ়ম্ কো সঁওয়ারা;

ওয়াপস্ নহি ফেরা কোঈ ফরমান জুনুন্ কা
তন্হা নহী লৌটি কভি আওয়াজ় জরস্ কি;
খ়্য়েরিয়াত্-এ-জান, রাহত্-এ-তন্, সেহ্যৎ-এ-দামান,
সব্ ভুল গয়েঁ মল্লহতেঁ অহল্-এ-হওবস্ কি।

নিঃসঙ্গ অবস্থায় তোমার কোন্‌ কোন্‌ স্মৃতি না আমার মনে
পড়েছে,
আমার ব্যথিত হৃদয় কী কী সান্ত্বনাই না খুঁজে বেড়িয়েছে,
কখনও আমার চোখ দুটির উপর প্রভাতী হাওয়ার হাত রেখেছি,
কখনও বা ঐ চাঁদের গলায় আমার বাহু জড়িয়েছি।

এইভাবেই আমি চেয়েছি আমার প্রিয়তমা জন্মভূমিকে
এইভাবেই আমার হৃদয় তার পূজায় অধীর হয়েছে,
এইভাবেই আমার কামনা খুঁজেছে তার শান্তির আশ্রয়,
তার কপোলের রেখায়, কখনোও বা তার চুলের একটি ঘূর্ণিতে।

এইভাবেই সেই প্রিয়তমাকে আমার হৃদয়, আমার দৃষ্টি
আনন্দ আহ্বান জানিয়েছে – কখনও কেঁদে কেঁদে ডেকেছি;
তার সকল কামনার দাবী পূরণ করেছি –
সকল বেদনা হয়েছে উজ্জ্বল, সকল দুঃখ হয়েছে শান্ত।

আনন্দোচ্ছ্বাসের কোন ফরমানই ব্যর্থ হয়নি
ঘন্টা বাজার আওয়াজ কখনোও একাকী ফিরে আসেনি
জীবনের কল্যাণ, দেহের আরাম, পরিচ্ছদের পারিপাট্য
উচ্চাশা সম্পন্ন মানুষের পরামর্শ – সব ভুলে গিয়েছি।

ইস্ রাহ্ মেঁ জো সব্ পে গুজ়রতি হ্য় উয় গুজ়রি
তন্হা পস্-এ-জ়িন্দান, কভি রুসওয়া সর্-এ-বাজ়ার,
গরজে হাঁয় বহত্ শেঈখ্ সর্-এ-গোশা-এ-মিনবর
কড়কে হাঁয় বহত্ অহল্-এ-হুকম্ বর্ সর্-এ-দরবার।

ছোড়া নহিঁ গ়য়েরোঁ-নে কোঈ নাওয়ক-এ-দুশনাম,
ছুটি নহিঁ অপনোঁসে কোঈ তরজ়্-এ-মলামত।
ইস্ ঈশ্ক নহ্ উস্ ঈশ্ক পে নাদিম হ্য় মগর দিল্;
হর্ দাগ় হ্য় ইস্ দিল্ মেঁ বজ়ুজ় দাগ়-এ-নদামত।

এই পথে চললে, যা সকলের উপর দিয়ে যায় তা আমার উপর
দিয়েও গেছে
কারাগারের নির্জনতা, কখনও বা খোলা বাজারে অপমান
মিনারের উষ্ণতা থেকে অনেক মানী পুরুষেরা গর্জন করেছে
সারা দরবারে পদবিশিষ্ট ব্যক্তিরা চীৎকার করেছে।

অপরিচিত মানুষেরা বদনামের কোন তীর ছুঁড়তেই বাকি রাখেনি,
আমার আপনজনেরাও কোন প্রকারের শাসনই বাদ দেয়নি।
কিন্তু আমার হৃদয় এই প্রেম বা ওই প্রেমের জন্য লজ্জাবোধ
করেনি;
এই হৃদয়ে সব রকম দাগই আছে, শুধু লজ্জাবোধের দাগ ছাড়া।

৩০)   উন্ তলাবা কে নাম

জো অমন্ ঔর আজাদী কী জিদ্-ও-জহদ্ মেঁ কাম আয়ে

ইয়ে কৌন সখী হাঁয়

জিন্-কে লহু কি

অশরফীয়াঁ, ছন্-ছন্, ছন্-ছন্,

ধরতি কে প্যয়হম প্যাসে –

কসকল্ মেঁ ঢলতি যাতি হাঁয়,

কসকল্ কো ভরতি যাতি হাঁয়?

ইয়ে কৌন জওয়ান হয়, অরজ়্-এ-ওয়তন্

ইয়ে লখলুত

জিন্ কে জিসমো কী

ভরপুর জওয়ানী কা কুন্দন –

য়ুঁ খাক মেঁ রেজ়া রেজ়া হয়

য়ুঁ কুচা কুচা বিখরা হয়

অয়ে অরজ়্-এ-ওয়তন্, অয়ে অরজ়্-এ-ওয়তন্!

কিয়ুঁ নোচকে হঁস্ হঁস্ ফেঁক দিয়ে

ইন্ আখোঁ-নে অপনে নিলম্,

ইন্ হোঁঠোঁ নে অপনে মর্জান?

ইন্ হাতোঁ কি বে-কল চান্দি

কিস্ কাম আঈ? কিস্ হাত লগি?

৩০)	**সেই ছাত্রদের উদ্দেশ্যে**
যারা শান্তি আর স্বাধীনতার জন্য জীবন দিলো

এই সহৃদয় মানুষগুলি কারা,
যাদের রক্তের
স্বর্ণ-মুদ্রার ছন্-ছন্, ছন্-ছন্,
পৃথিবীর সদা তৃষ্ণার্ত
ভিক্ষা-পাত্রে গড়িয়ে পড়তে থাকে,
ভিক্ষা-পাত্র ভরে উঠতে থাকে।
এই তরুণরা কারা, হে জন্মভূমি

এই বেহিসাবীর দল
যাদের শরীরের
ভরপুর যৌবনের খাঁটি সোনা
এইভাবে ধুলোতে টুকরো টুকরো হয়ে
পথে পথে ছড়িয়ে ছিটিয়ে রয়েছে
হে জন্মভূমি, হে আমার জন্মভূমি!

কেন হাসতে হাসতে ছুঁড়ে ফেলে দিলো –
এই চোখ তাদের নীলিমা?
এই অধর তাদের প্রবাল?
এই হাতের বিশ্রামহীন রূপা
কি কাজে লাগলো? কার হাতে পড়লো?

অয় পুছনে-ওয়ালে পরদেসি!
ইয়ে তফ্‌ল্‌ ও জওয়ান
উস্‌ নূর কে নওরস্‌ মোতি হ্যাঁয়,
উস্‌ আগ কি কচ্ছি কলিয়াঁ হ্যাঁয়,

জিস্‌ মিঠে নূর ঔর কড়উইঁ আগ
সে জুল্ম কি আঁধি রাত মেঁ ফুটা
সুবহ্‌-এ-বঘাওয়ত্‌ কা গুলসন্‌,
ঔর সুবহ্‌ হই মন্‌ মন্‌, তন্‌ তন্‌।

ইন্‌ জিস্মোঁ কা চান্দি সোনা,
ইন্‌ চেহরোঁ কে নিলম্‌ মরজান,
জগ্‌-মগ্‌ জগ্‌-মগ্‌, রখসাঁন রখসাঁন,

যো দেখনা চাহে পরদেসি
পাস আয়ে দেখে – জী ভরকর্‌,
ইয়ে জিস্ম কি রানি কা ঝুমর
ইয়ে অমন্‌ কি দেভি কা কনগন্‌।

ওগো জিজ্ঞাসু বিদেশী –
এই বালক এবং তরুণের দল
এরা সেই আলোকের তাজা মুক্তো,
সেই আগুনের কচি মুকুল

যে মিঠে আলো আর কড়া আগুন থেকে
অত্যাচারের অন্ধকার রাত্রির মাঝে বিস্ফোরিত হলো –
বিদ্রোহের প্রভাতের বাগিচা,
আর প্রভাত এলো প্রতিটি শরীরে, প্রতিটি মনে।

এই শরীরগুলির সোনা রুপো
এই মুখগুলির নীলা আর প্রবালের লালিমা,
ঝলমল ঝলমল, জ্বলজ্বল জ্বলজ্বল,

বিদেশী, যা দেখতে চাও –
কাছে এসো প্রাণ ভরে দেখো –
এই অস্তিত্বের রাণীর ঝুমুর
এই শান্তির দেবীর হাতের কঙ্কন।

৩১) অগস্ট ১৯৫২

রৌশন কহিঁ বহার কে ইমকাঁ হুয়ে তো হ্যাঁয়,
গুলশন্ মেঁ চাক চন্দ্ গিরিবাঁ হুয়ে তো হ্যাঁয়।
অব্ ভি থেজাঁ কা রাজ হ্যায়, লেকিন্ কহিঁ কহিঁ
গোশ রহ্-এ-চমন্ মেঁ গজল্-খোয়ান হুয়ে হ্যাঁয়।

ঠহরী হুই হ্যায় শব কি সিয়াহি ওঁহি, মগর্
কুছ্ কুছ্ সহর্ কে রঙ্গ পর্-অফসান হুয়ে তো হ্যাঁয়।
ইন্ মেঁ লউ জ্বলা হো হমারা কে জান-ও-দিল্
মহফিল্ মেঁ কুছ চরাগ্ ফরোজাঁ হুয়ে হ্যাঁয়।

হাঁ, কজ্ করো কুলাহ্, কে সব-কুছ লুটাকে হম্
অব্ বে-নয়াজ্-এ-গর্দিশ্-এ-দওরান হুয়ে তো হ্যাঁয়
অহল্-এ-কফস্ কি সুবহ্-এ-চমন্ মেঁ খুলেগী আঁখ
বাদ-এ-সবা সে ওয়াদা-ও-পয়মাঁ হুয়ে হ্যাঁয়।

হ্যায় দশত্ অব্ ভি দশত্, মগর্ খুন-এ-পা সে, ফয়েজ্
সিরাব চন্দ্ খার-এ-মুগলিয়াঁ হুয়ে তো হ্যায়।

৩১)   অগাস্ট   ১৯৫২

কোথাও বসন্তের সম্ভাবনা অবশেষে উজ্জ্বল তো হয়ে উঠেছে
ফুলবাগানে কিছু আবরণ তো বিদীর্ণ হয়েছে;
এখনও শরতেরই রাজত্ব, তবুও কোথাও কোথাও
উদ্যান-পথের কোনাগুলি গজল-গানে মুখরিত তো হয়েছে।

অন্ধকারের কালিমা এখনও একই জায়গায় দাঁড়িয়ে আছে, তবুও
কিছু কিছু প্রভাতী রঙ পালকের মতো ছড়িয়ে তো পড়েছে।
এর মাঝে জ্বলছে আমাদের রক্ত অথবা জীবন ও হৃদয়
সভাগৃহের কিছু বাতি উজ্জ্বল তো হয়ে উঠেছে।

হ্যাঁ, মাথার টুপি নোয়াও, কারণ আমরা সবকিছু ছুঁড়ে ফেলে
এখন কালের বিদ্রোহ থেকে স্বাধীন তো হয়ে উঠেছি
পুষ্পোদ্যানের প্রভাতে খুলবে এই বন্দী জাতের চোখ
প্রভাতী বাতাসের সঙ্গে প্রতিজ্ঞা আর অঙ্গীকার তো হয়েছে।

মরুভূমি তো এখনও মরুভূমিই, তবে পায়ের রক্তে, ফয়েজ়
কিছু কাঁটা গাছ তো জল-সিঞ্চিত হয়েছে!

৩২)   নিশার ম্যঁয় তেরি গলিয়োঁ কে

নিশার ম্যঁয় তেরি গলিয়োঁ-কে, অয় ওয়তন্, কে জহাঁ
চলি হ্যয় রসম্ কে, কোঈ ন সর্ উঠাকে চলে;
যো কোঈ চাহনে-ওয়ালা তোয়ফ্ কো নিকলে –
নজর্ চুরাকে চলে, জিস্ম্-ও-জাঁ বচাকে চলে।

হ্যয় অহ্ল্-এ-দিল্ কে লিয়ে অব্ ইয়ে নজম্-এ-বস্ত্-ও-কুশাদ
কে সংগ্-ও-খিস্ত্ মুক্ইয়দ হ্যঁয় ঔর সগ্ আজাদ।
বহত হ্যয় জুল্ম্ কে দস্ত্-এ-বহানা-জু কে লিয়ে
যো চন্দ অহ্ল্-এ-জুনুন তেরে নাম লেভা হ্যঁয়।

বনে হ্যঁয় অহ্ল্-এ-হাওয়স্ মুদ্দাই ভি, মুন্সিফ্ ভি
কিসে উয়কীল করেঁ, কিস্-সে মুন্সিফি চাহেঁ?
মগর্ গুজারনে-ওয়ালো কে দিন্ গুজরতে হ্যঁয়
তেরে ফিরাক্ মেঁ ইয়ুঁ সুবহ্-ও-শাম করতে হ্যয়।

৩২)   আমি তোমার পথের বলি

হে আমার জন্মভূমি, আমি তোমার সেই পথের বলি, যেখানে
এমন নিয়ম চলে আসছে যে কেউ যেন মাথা উঁচু করে না চলে
কোন আগ্রহী মানুষ যদি তীর্থযাত্রায় বেরোয়
তবে সে যেন চোখ নামিয়ে চলে, শরীর এবং প্রাণ বাঁচিয়ে চলে।

হৃদয়বান মানুষের প্রতি এখন এই শাসনের এই পদ্ধতিই প্রয়োগ
করা হবে
যে ইঁট ও পাথর বাঁধা থাক, আর কুকুরগুলি আজাদ
অত্যাচারীর জুলুমের অজুহাত-সন্ধানী হাতের এই বাহানাই যথেষ্ট
যে কিছু উৎসাহী মানুষ তোমার নাম উচ্চারণ করেছে।

মতলবীরা আজ হয়েছে আদালতের অভিযুক্ত-কারীও আর
বিচারকও
কাকে আমাদের মুখপাত্র করি, কার কাছেই বা সুবিচার চাই?
কিন্তু যাদের দিন কাটবার, তাদের দিন কাটছে এইভাবেই
প্রভাত এবং সন্ধ্যাগুলি তোমার থেকে বিচ্ছিন্ন হয়ে।

বুঝা যো রউজ্‌ন-এ-জিন্দান তো দিল্‌ ইয়ে সমঝা হ্যয়
কে তেরি মাংগ সিতারোঁ সে ভর-গঈ হোগী
চমক উঠে হ্যাঁয় সলাসিল্‌ তো হম্‌-নে জানা হ্যয়
কে অব সহর্‌ তেরে রুখ পর বিখর্‌ গঈ হোগী।

গরজ্‌ তস্‌ওয়ার-এ-শাম-ও-সহর্‌ মেঁ জিতে হ্যাঁয়
গিরিফ্‌ত্‌-এ-সায়া-এ-দিওয়ার-ও-দর্‌ মেঁ জীতে হ্যাঁয়
য়ুহীঁ হমেশা উলঝতি-রহি হ্যয় জুল্ম্‌ সে খাল্‌ক
ন উনকী রসম্‌ নঈ হ্যয়, ন অপনি রীত নঈ।

য়ুঁহিঁ হমেশা খিলায়ে হ্যয় হমনে আগ মেঁ ফুল
ন উনকী হার নঈ হ্যয়, ন অপনি জীত নঈ
ইসি সবাব সে ফলক্‌ কা গিলা নহিঁ করতে
তেরে ফিরাক্‌ মেঁ হম্‌ দিল্‌ বুরা নহিঁ করতে।

গর্‌ আজ তুঝসে জুদা হ্যাঁয় তো কল্‌ বহম্‌ হোঙ্গে
ইয়ে রাত ভর্‌ কি জুদাঈ তো কোঈ বাত নহিঁ
গর্‌ আজ অউজ-পে হ্যয় তালি-এ-রক্বীব তো ক্যা
ইয়ে চার দিন্‌ কি খুদাঈ, তো কোঈ বাত নহিঁ।

যো তুঝসে অহদ্‌-এ-ওয়াফা উস্তওয়ার রখতে হ্যাঁয়
ইলাজ-এ-গর্‌দীশ-এ-লইল-ও-নহার রখতে হ্যাঁয়।

যখন কারাগারের মাঝে আলো ম্লান হয়ে এলো, তখন এই হৃদয় বুঝল

যে তোমার সিঁথি হয়তো তারায় আলোয় ভরে গেছে
শিকলগুলি যখন ঝলসে ওঠে তখন বুঝতে পারি
যে এখন তোমার মুখের পরে ভোরের আলো ছড়িয়ে পড়েছে।
এককথায়, আমি সন্ধ্যা ও প্রভাতের কল্পনা নিয়ে বেঁচে আছি
দেওয়াল ও দরজার ছায়ার অধীনে বেঁচে আছি
চিরদিন এইভাবেই মনুষ্যত্ব জুলুমের বিরোধিতা করেছে
ওদের রীতিও নতুন নয়, আমাদের পথও কিছু নতুন নয়।
চিরদিন এইভাবেই আমরা আগুনের মাঝে ফুল ফুটিয়েছি
না ওদের পরাজয় নতুন, না আমাদের জিৎ নতুন।
এই কারণেই আমি ভাগ্যের বিরুদ্ধে অভিযোগ করিনা
তোমার বিরহে আমি আমার হৃদয়কে জর্জরিত করিনা।
যদি আজ তোমার থেকে বিচ্ছিন্ন থাকি, তো কাল একসাথে মিলবো

এই একটি রাতের বিচ্ছেদ তো কোনও বড় কথা নয়
যদি আজ ঐ প্রতিদ্বন্দ্বীর ভাগ্য শিখরে, তাতে কি আসে যায়
এই চারদিনের দেবত্ব তো কোনও বড় কথা নয়।

যারা তোমার কাছে নিজেদের আনুগত্যের প্রতিজ্ঞায় অটল থাকে
তারাই এই দিবারাত্রির আবর্তনের বিরুদ্ধে প্রতিকার লাভ করে।

৩৩)   জিন্দান্‌ কি এক শাম

শাম কে পেচ-ও-খ়ম সিতারোঁ সে
জ়িনা জ়িনা উতর্‌ রহি হয় রাত
য়ুঁ সবা পাস সে গুজরতি হয়
য়্যায়সে কহ়্‌-দি কিসি-নে প্যার কি বাত।

সহন্‌-এ-জিন্দান কে বে-ওয়তন্‌ অশজ়ার
সর্‌-নিগুঁ, মহ়ওব হয় বনানে মেঁ
দামন্‌-এ-আসমাঁ পে নক়শ়্‌-ও-নিগার
শানহ়্‌-এ-বাম পর্‌ দমকতা হয়
মেহরবাঁ চান্দনী কা দস্ত-এ-জামিল।

খ়াক মেঁ ঘুল্‌ গঈ হয় আব-এ-নজুম্‌
নূর মেঁ ঘুল্‌ গঈ হয় অরশ্‌ কা নীল
সব্জ গোশোঁ মেঁ নীলুঁ সায়ে
লহরাতে হ়ঁয় জিস্‌ তরহ় দিল মেঁ
মৌজ-এ-দর্দ-এ-ফিরাক়-এ-ইয়ার আয়ে।

৩৩)   কারাগারের একটি সন্ধ্যা

সন্ধ্যা-রাতের চতুর ও কুটিল তারাগুলি হতে
একপা একপা করে রাত নেমে আসছে
মৃদু বাতাস পাশ দিয়ে এমন ভাবে বয়ে যাচ্ছে,
যেন কেউ তাকে একটি প্রেমের কথা বলে দিয়েছে।

কারাগারের প্রাঙ্গণে ওই দেশছাড়া গাছগুলো
মাথা ঝুঁকিয়ে, সৃষ্টি করতে বিভোর
আকাশের আঁচলে কত আলপনা ও কারুকার্য
ছাদের চূড়ায় ঝলকে ওঠে –
করুণাময়ী জ্যোৎস্নার হাতের অপরূপ স্পর্শ।

ধূলোয় লীন হয়ে গেছে তারাদের ঔজ্জ্বল্য
আলোয় মিলিয়ে গেছে আকাশের নীলিমা
সবুজ রঙা কোনগুলিতে ঘন নীল ছায়া
কেঁপে কেঁপে উঠছে, যেমন করে প্রাণের মাঝে
বন্ধুর বিরহের দুঃখের তরঙ্গ প্রবাহিত হয়।

দিল্ সে পয়হম্ খ্যাল কহ্তা হ্য়
ইত্নি শিরিন হ্য় জিন্দগী ইস্ পল্
জুল্ম কা জহর্ ঘোলনে-ওয়ালে
কামরান হো সকেঙ্গে আজ ন কল্।

জল্ওয়াগাহ্-এ-উইসাল কি শমেঁ
উয় বুঝা-ভি চুকে অগর, তো ক্যয়া?
চান্দ্ কো গুল্ করেঁ তো হম্ জানেঁ।

যতিহীন একটি ভাবনা আমার হৃদয়কে বলে চলে
এই মুহূর্তে জীবন কত মধুময়
অত্যাচারের বিষ যারা মেশায়, তারা
আজ বা আগামীকাল কখনও সফল হতে পারবেনা।

বধূর মিলন-বাসরের দীপ যদি
সে নিভিয়েও দেয়, তাতেই বা কি?
যদি চাঁদকে নেভাতে পারে তবে মানবো।

৩৪)   জিন্দান্ কি এক সুব্হ্

রাত বাকি থি অভি যব্ সর্-এ-বালিঁ আকর্
চান্দ্-নে মুঝসে কহা "জাগ্! সহর্ আঈ হ্যয়;
জাগ্! ইস্ শব্ যো ময়-এ-খোয়াব তেরা হিস্সা থি –
জাম কে লব্-সে তহ্-এ-জাম উতর্ আঈ হ্যয়।"

অকস্-এ-জানাঁ কো বিদা কর্কে উঠি মেরি নজর্
শব্ কে ঠহরে হুয়ে পানি কি সিয়া চাদর পর্
জা-ব-জা রকস্ মেঁ আনে লগে চান্দী কে ভঁওয়র্
চান্দ্ কে হাথ সে তারোঁ কে কঁওয়ল্ গির্ গির্ কর্

ডুবতে, তয়রতে, মুরঝাতে রহে, খিলতে রহে,
রাত ঔর সুব্হ্ বহুত্ দের গলে মিলতে রহে।

৩৪)   কারাগারের একটি প্রভাত

তখনও রাত বাকি ছিলো, যখন শিয়রের উপাধানের কাছে এসে
চাঁদ আমায় বলে গেলো "জাগো! ভোর হয়েছে,
জাগো! আজ রাতে যেটুকু স্বপ্নের মদিরা তোমার বরাদ্দ ছিলো
পেয়ালার কানা থেকে সেটুকু পেয়ালার তলায় এসে পৌঁছেছে।"

প্রিয়তমার প্রতিরূপ থেকে বিদায় নিয়ে আমি চোখ তুলে চাইলাম
রাত্রির থেমে থাকা কালো জলের আচ্ছাদনের উপর
এখানে ওখানে রুপোলী ঘূর্ণির নৃত্যপরা হতে লেগেছে
চাঁদের হাত দুটি থেকে তারার কমল ঝরে পড়ে, ঝরে পড়ে

ডুবতে, ভাসতে, মূর্ছিত হতে থাকে, প্রস্ফুটিত হতে থাকে,
রাত্রি এবং প্রভাত অনেকক্ষণ ধরে আলিঙ্গনাবদ্ধ হয়ে থাকে।

সহন্-এ-জিন্দান মেঁ রফিকোঁ কে সুনহরে চেহরে
সতহ্-এ-জুলমৎ সে দমক্তে হুয়ে   উভরে কম্ কম্
নিন্দ কি ওস্-নে উন্ চেহরোঁ সে ধো ডালা থা
দেস কা দর্দ, ফিরাক্-এ-রুখ্-এ-মহবুব কা গম্।

দূর নওবত হুঈ, ফিরনে লগে বেজার কুদম্
জর্দ, ফাকোঁ কে সতায়ে হুয়ে পহরে-ওয়ালে
অহল্-এ-জিন্দান্ কে গজবনাক্ খরওসান্ নালে
জিন্-কি বাহোঁ মেঁ ফিরা-করতে হয় বাহেঁ ডালে।

লজ্জত্-এ-খোয়াব সে মখমূর হাওয়ায়েঁ জাগীঁ
জেল কি জহর্-ভরি, চূর, সদায়েঁ জাগীঁ
দূর দরওয়াজা খুলা কোঈ, কোঈ বন্দ হুয়া,
দূর মচলী কোঈ জঞ্জির, মচল্-কে রোঈ।

দূর উতরা কিসি তালে কে জিগর্ মেঁ খঞ্জর
সর্ পটক্-নে লগা রহ্-রহকে দরিচহ্ কোঈ।

কারাগারের প্রাঙ্গণে সাখীদের সোনালী মুখগুলি
অন্ধকারের উপরিতল থেকে ধীরে ধীরে ফুটে উঠছে
ঘুমের শিশির তাদের মুখের উপর থেকে মুছে দিয়েছিলো
দেশের জন্য দুঃখ, প্রেমিকার মুখের থেকে দূরে থাকার বেদনা।

দূরে কোথায় বাজনা বেজে উঠলো, অনিচ্ছুক পা গুলি চলতে
শুরু করলো
হলুদ, ক্ষুধায় জর্জরিত, পাহারাদারদের সঙ্গে
কারাগারে বন্দী মানুষগুলির ভয়ঙ্কর, প্রতিধ্বনিত বিলাপ
যাদের হাতে হাত রেখে চলা ফেরা করে।

সুখস্বপ্নে মদির বাতাস জেগে উঠেছে
জেলের বিষাক্ত, ভঙ্গুর শব্দগুলি জেগে উঠেছে
দূরে কোন দরজা খুলে গেলো, কোনটি বা বন্ধ হোলো
দূরে ঝঙ্কৃত হোলো কোন শিকল, তারপর কেঁদে উঠলো।

দূরে কোন তালার বুকে তরোয়াল চললো –
কোন জানালা, থেকে থেকে মাথা খুঁড়তে লাগলো।

গোয়া ফির্ খোয়াব-সে বেদার হয়ে দুশমন্-এ-জাঁ
সংগ-ও-ফওলাদ সে ঢলে হয়ে জিন্নত্-এ-গিরাঁ
জিন্ কে চুংগল্ মেঁ শব্-ও-রোজ় হয়ঁ ফরিয়াদ-কুনানঁ
মেরে বেকার শব্-ও-রোজ় কি নাজুক পরিয়াঁ,

অপ্নে শহপুর কি রাহ দেখ-রহি হয়ঁ ইয়ে অসির
জিস্কে তরকশ্ মেঁ হয়ঁ উম্মীদ-কে জল্তে হয়ে তীর।

যেন আবার জীবনের শত্রুরা সব ঘুম ভেঙে জেগে উঠেছে
পাথর আর লোহা দিয়ে গড়া শক্তিমান শয়তানেরা
যাদের পাঞ্জায় দিন ও রাত্রি বিলাপ করে চলেছে –
আমার অপদার্থ দিবারাত্রির নরম পরীগুলি।

বন্দীরা সব তাদের রাজপুত্রের আসার পথের দিকে চেয়ে রয়েছে
যাদের কেঁপে ওঠার মাঝে রয়েছে প্রত্যাশার জ্বলন্ত তীর।

জিন্দান্ নামা

(কারাগার নামা)

৩৫) অয় রোশনীয়োঁ কে শহর্

সব্জা সব্জা সুখ রহি হয় ফিকি জ়র্দ দো-পহর
দিওয়ারোঁ কো চাট রহা হয় তনহাঈ কা জ়হর্
দূর উফ়ক় তক় ঘট্তি, বঢ়্তি, উঠতি, গিরতি-রহতি হয়
কুহর্ কি সুরত বে-রওনক দর্দোঁ কি গদ্লি লহর্।

বস্তা হয় ইস্ কুহর্ কে পিছে রওশনিয়োঁ কা শহর্
অয় রওশনিয়োঁ কা শহর্
কৌন কহে কিস্ সিম্ত হয় তেরি রওশনিয়োঁ কি রাহ?
হর্ জানিব বে-নূর খড়ি হয় হিজর্ কি শহর-পনাহ
থক় কর় হর্ সূ ব্যর্ঠ রহি হয় শওক় কি মান্দ সিপাহ

আজ মেরা দিল্ ফিকর্ মেঁ হয়,
অয় রওশনিয়োঁ কা শহর্ –
শব্খউন্ সে মু ফের না যায়ে অরমানোঁ কি রও,
থ়য়ের্ হো তেরি লাইলাওঁ কি, ইন্ সব্ সে কহ্ দো –
আজ কি শব্, যব্ দিয়ে জ্বলায়েঁ উন্চি রখ্কে লও।

৩৫)   ওগো আলোর শহর

ফিকে হলুদ দ্বিপ্রহর একটু একটু করে শুকিয়ে যাচ্ছে
দেওয়ালগুলিকে লেহন করছে একাকীত্বের গরল
দূর দিগন্ত অবধি সঙ্কুচিত, স্ফুরিত, উত্থিত, পতিত হচ্ছে
কুয়াশার মতো অনুজ্জ্বল বেদনার কর্দমাক্ত ঢেউ।

এই কুয়াশার পিছনে রয়েছে আলোকিত শহরের বসতি
ওগো আলোকিত শহর,
কে বলবে কোনদিকে রয়েছে তোমার আলোকময় রাজপথ?
সব দিকে আলোকবিহীন দাঁড়িয়ে রয়েছে নির্বাসিত শহরের প্রাচীর
সব দিকে ক্লান্ত হয়ে উৎসাহী সিপাহীরা অবসন্ন বসে আছে।

আজ আমার হৃদয় চিন্তিত,
ওগো আলোর শহর –
রাত্রির আক্রমণ থেকে আশার বন্যা যেন মুখ ফিরিয়ে না চলে
যায়,
তোমার প্রিয়তমাদের শুভ হোক, তাদের সবাইকে বলে দাও –
আজ রাতে যখন প্রদীপ জ্বালাবে, যেন দীপশিখাটি উজ্জ্বল করে
রাখে।

৩৬)   দরিচহ্

গড়তি হ্য়্ কিতনি সলিবেঁ মেরে দরিচে মেঁ
হরেক অপ্নে মসিহা কে খুন কা রঙ্গ লিয়ে
হরেক ওয়াস্ল-এ-খুদাওয়ন্দ্ কি উমঙ্গ লিয়ে।

কিসি পে করতে হাঁয়্ অব্র্-এ-বহার কো কুরবান
কিসি পে ক্ত্ল্ মহ্-এ-তাবনাক্ করতে হাঁয়্
কিসি পে হোতি হ্য়্ সর্মস্ত শাখ্সার দো নিম্
কিসি পে বাদ-এ-সবা কো হলাক্ করতে হাঁয়্।

হর্ আয়ে দিন্ ইয়ে খুদাওয়ন্দগাঁ-এ-মেহর্-ও-জামাল
লহু মেঁ ঘর-কে মেরে গম্-করে মেঁ আতে হাঁয়্
অউর্ আয়ে দিন্ মেরি নজরোঁ কে সামনে উন্কে
শহিদ জিস্ম সলামৎ উঠায়ে যাতে হাঁয়্।

৩৬)   জানালা

আমার জানালায় অনেকগুলি ক্রুস লাগানো হয়
প্রত্যেকটি নিজেদের ত্রাণকর্তার রক্তের রঙ নিয়ে
প্রত্যেকটি ঈশ্বরের সঙ্গে মিলিত হওয়ার বাসনা নিয়ে।

কোনওটির উপর বলি দেওয়া হয় বসন্তের মেঘকে
কোনওটির উপর কোতল করা হয় চন্দ্রের উজ্জ্বলতাকে
কোনওটির উপর দু টুকরো করা হয় একটি সমাহিত উদ্যানকে
কোনওটির উপর হত্যা করা হয় প্রভাতী বাতাসকে।

প্রতিদিনই এই সব করুণা ও সৌন্দর্যের দেবতারা
রক্তস্নাত হয়ে আমার এই দুঃখের ঘরে আসেন
আর প্রতিদিনই আমার চোখের সামনে ওঁদের
শহীদ হওয়া শরীর উপর দিকে উঠে যায় – সৌন্দর্য-মণ্ডিত
হয়ে।

৩৭)   আ যাও আয়েফ্রিকা

আ-যাও, ম্যাঁয়-নে সুন্-লি তেরে ঢোল কি তরঙ্গ
আ-যাও, মস্ত হো-গঈ মেরে লহ কি তাল –
“আ-যাও আয়েফ্রিকা!”

আ-যাও, ম্যঁয়-নে ধূল সে মাথা উঠা লিয়া
আ-যাও, ম্যঁয়-নে ছীল দি আঁখো সে গম্ কি ছাল,
আ-যাও, ময়ঁ-নে নোচ দিয়া বে-কসি কা জাল –
“আ-যাও আয়েফ্রিকা!”

পন্জে মেঁ হথকড়ি কি বন্-গঈ হ্যয় গুর্জ
গর্দন কা তওক্ তোড়কে ঢালি হ্যয় ম্যঁয়-নে ঢাল
“আ-যাও আয়েফ্রিকা!”

৩৭)   এসো আফ্রিকা

এসো, আমি শুনতে পেয়েছি তোমার ঢোলের আওয়াজ
এসো, আমার রক্তের ঝঙ্কার উন্মত্ত হয়ে উঠেছে –
"এসো, আফ্রিকা!"

এসো, আমি ধূলিতল থেকে আমার মাথা তুলে নিয়েছি
এসো, আমি চোখের উপর থেকে বেদনার ছাল ছিঁড়ে ফেলেছি
এসো, আমি দুঃখের থেকে আমার হাত ছাড়িয়ে নিয়েছি
এসো, আমি নখের আঁচড়ে সরিয়ে ফেলেছি অসহায়তার জাল–
"এসো, আফ্রিকা!"

হাতের পাঞ্জায় হাতকড়ির বন্ধন হয়েছে হাতুড়ি (অস্ত্র)
গলার শিকল ভেঙে আমি তৈরি করেছি ঢাল
"এসো, আফ্রিকা!"

জ্বলতে হ্যায় হর্ কচ্ছর-মেঁ ভালোঁ কে মিরগ্-নয়েন
দুশমন্ লহু সে রাত কি কাল্ক্ হঈ লাল
"আ-যাও আয়েফ্রিকা!"

ধরতি ধড়ক্ রহি হ্যায় মেরে সাথ, আয়েফ্রিকা
দরিয়া খিরক্-রহা হ্যায় তো বন্ দে-রহা হ্যায় তাল
ম্যাঁয় আয়েফ্রিকা হুঁ, ধার লিয়া ম্যাঁয়-নে তেরা রূপ
ম্যাঁয় তু হুঁ, মেরি চাল হ্যায় তেরি বক্কর কি চাল –
"আ-যাও আয়েফ্রিকা!"

আও বক্কর কি চাল
"আ-যাও আয়েফ্রিকা!"

প্রতিটি নদীতীরে বল্লমের মৃগ-নয়ন জ্বলছে
শত্রুর রক্তে রাত্রির কালিমা রাঙা হয়ে উঠেছে
"এসো, আফ্রিকা!"

আফ্রিকা, আজ আমার সঙ্গে স্পন্দিত হচ্ছে এই ধরিত্রী
যদি স্রোতস্বিনী নৃত্যপরা হয়, তো অরণ্য তার সঙ্গে তাল
মেলাচ্ছে
আমিই আফ্রিকা, আমি তোর রূপ ধারণ করেছি
আমিই তুই, আমার পদক্ষেপ তোর সিংহের চাল
"এসো, আফ্রিকা!"

এসো সিংহের চাল
"এসো, আফ্রিকা!"

৩৮)   ইয়ে ফসল্ উমীদোঁ কি, হমদম্

সব্ কাট দো
বিস্‌মিল্ পওদোঁ কো
বে-আব্ সীসকতে মত্ ছোড়ো
সব্ নওচ্ লো।
বে-কল ফুলোঁ কো
শাখোঁ-পে বিলকতে মত্ ছোড়ো।
ইয়ে ফসল্ উমীদোঁ কি, হমদম্
ইস্ বার ভি গারত্ যায়েগী
সব্ মেহনত্ সুবহ্ শামোঁ কি
অব্ কে ভি অকারত্ যায়েগী।

খেতি কে কোনোঁ-খুদ্‌রোঁ মেঁ
ফির্ অপনে লহু কি খাদ ভরো
ফির্ মিট্টি সিন্‌চো অশ্‌কোঁ-সে
ফির্ অগলি রুত্ কি ফিক্‌র করো।
ফির্ অগলি রুত্ কি ফিক্‌র করো
যব্ ফির্ এক বার উজড়না হ্যয়
এক ফসল্ পাকি, তো ভর্-পায়া
যব্ তক্ তো ইয়েহি কুছ করনা হ্যয়।

৩৮)   এই আশা-আকাঙ্ক্ষার ফসল, আমার সাথী

সব কেটে ফেলো
আহত চারাগুলিকে
বিনা জলেই দীর্ঘশ্বাসের মাঝে (তৃষ্ণার্ত) ছেড়ে দিওনা
সব ছিঁড়ে ফেলো।
বেদনার্ত ফুলগুলিকে
শাখার উপর বিলাপ করার জন্য ছেড়ে দিওনা।
আশা-আকাঙ্ক্ষার এই ফসল, বন্ধু
এবারেও ধ্বংস হয়ে যাবে
সকাল ও সন্ধ্যার এই পরিশ্রম
এবারেও ব্যর্থই হয়ে যাবে।

ক্ষেতের কোনা ও গর্তগুলিতে,
আবার নিজেদের শোণিতের খাদ ভরে দাও –
আবার মাটিকে অশ্রু দিয়ে সিঞ্চিত করো,
আবার আগামী মৌসুমের কথা ভাবো।
আবার আগামী মৌসুমের কথা ভাবো –
যখন আবার একবার ধ্বংস হতে হবে,
একবারের ফসল যদি পেকে ওঠে তো মন ভরে যাবে
ততদিন অব্দি তো এই একই কাজ করে যেতে হবে।

দস্ত্‌-এ-তহ্‌-এ-সংগ্‌

(পাথরের নীচে চাপা পড়া হাত)

৩৯)   সিন্‌কিয়াং

অব্ কোঈ তব্‌ল্ বজেগা ন কোঈ শাহ্‌সওয়ার
সুবহ্-দম্ মওত্ কি ওয়াদী কো রওয়ানা হোগা
অব্ কোঈ জংগ্ ন হোগী, কভি রাত গহ্‌য়ে
খুন্ কি আগ কো অশ্‌কোঁ সে বুঝানা হোগা।

কোঈ দিল্ ধড়কেগা শব্ ভর্ ন কিসি আঙ্গন মেঁ
ভহম্ মন্‌হস্ পরিন্দে কি তরহ্ আয়েগা
অব্ কোঈ জঙ্গ ন হোগী, ময় ও সাগর্ লাও
খুন্ লুটানা ন কভি অশ্‌ক বহানা হোগা।

সাক্রিয়া! রক্ষ কোঈ রক্ষ-এ-সবা কি সুরত্
মুত্‌রবা! কোঈ গজ়ল্ রঙ্গ-এ-হিনা কি সুরত্
বিসাত-এ-রক্ষ পে সদ্ শর্ক-ও-গ়র্ব সে সরে-শাম
দমক্ রহা হয় তেরি দোস্তী কা মাহ্-এ-তমাম।

৩৯)   সিন্‌কিয়াংগ্‌

এখন আর কোনও বাজনা বেজে উঠবেনা; না কোনও ঘোড়সওয়ার
সকাল হতেই মৃত্যু-উপত্যকার দিকে রওনা হবে –
এখন আর কোনও যুদ্ধ হবেনা, গভীর রাতে আর
অশ্রুজলে রক্তের আগুন নেভাতে হবেনা।

সারা রাত ধরে কাঁপবেনা কোনও হৃদয়,   না কারো প্রাঙ্গণে
অশুভ পাখীর মতো ভ্রান্তি আসবে
এখন আর কোনও যুদ্ধ হবেনা, সুরা ও পানপাত্র আনো
আর রক্তপাত নয়, আর কখনও চোখের জল ফেলা নয়।

সাকী! কোনও নৃত্য, ভোরের বাতাসের নাচের মতো
চারণ-কবি! কোনও সঙ্গীত, মেহেদীর রঙের মতো –
নৃত্যশালায় দিন শেষে একশত পূর্ব ও পশ্চিম থেকে
তোমার বন্ধুত্বের পূর্ণচন্দ্র ঝলঝল করছে।

ছলক্ রহি হ্যয় তেরে হুস্ন-এ-মেহরবাঁ কি শরাব
ভরা হুয়া হ্যয়, লবালব্ হরেক নিগাহ কা জাম
গলে মেঁ তংগ্ তেরে হর্ফ-এ-লুত্ফ্ কি বাহেঁ;
পস্-এ-খ্যয়াল কহিঁ সাহত্-এ-সফর্ কা পইয়াম।

অভি সে ইয়াদ মেঁ ঢল্নে লগী হ্যয় সুহ্বত্-এ-শব্
হরেক রু-এ-হসিঁ হো-চলা হ্যয় বেশ্ হসিঁ
মিলে কুছ্ এ্যয়সে, জুদা য়ুঁ হুয়ে কে, ফয়েজ়, অব্-কে
যো দিল্-পে নক্শ বনেগা উয় গুল্ হ্যয় দাগ় নহিঁ।

ছল্‌কে উঠেছে তোমার করুণায়-পূর্ণ রূপের সুরা
প্রতিটি দৃষ্টির পেয়ালা এখন কানায় কানায় ভরে গেছে
তোমার আনন্দপূর্ণ কথামালার বাহুপাশ গলায় জড়িয়ে রয়েছে
কোথাও আমার ভাবনার গভীরে আমার বিদায়-কালের খবর
রয়েছে।

এখন থেকেই সন্ধ্যার সান্নিধ্য স্মৃতিতে পর্যবসিত হচ্ছে
প্রতিটি সুন্দর মুখ আরও সুন্দর হয়ে উঠছে –
এমনভাবে মিলন হলো, এমনভাবে বিচ্ছিন্ন হলাম, যে ফয়েজ্‌, এই
বার
হৃদয়ে যে ছবিটি আঁকা হবে তা হবে ফুলের, কোন ক্ষতচিহ্নের
নয়।

৪০)   তন্হাঈ

আজ তন্হাঈ কিসি হম্দম্-এ-দেরিন কি তরহ্
করনে আঈ মেরি সাকীগরি শাম ঢলে
মুন্তজ্রির ব্যয়ঠে হাঁয় হম্ দোনো কে মহ্তাব উভরে
অউর তেরা অকস্ ঝলকনে লগে হর্ সায়ে তলে।

৪০)   একাকীত্ব

আজ এই নিঃসঙ্গতা যেন কোনও পুরোন বন্ধুর মতো
সাঁঝ-বেলায় আমার পানপাত্র ভরে দিতে এলো –
আমরা দুজন চাঁদ ওঠার অপেক্ষায় বসে আছি,
আর তোমার প্রতিবিম্ব প্রতিটি ছায়ার নীচে ঝলক্ দিতে লাগলো।

৪১)   শাম

ইস্ তরহ্ হ্যয় কে হরেক পেড় কোঈ মন্দর্ হ্যয়
কোঈ উজড়া হুয়া, বে-নূর, পুরানা মন্দর
ঢুন্ডতা হ্যয় যো খরাবী-কে বহানে কব্-সে
চাক হর্ বাম, হরেক দর্ কা দম্-এ-আখির হ্যয়
আসমাঁ কোঈ পুরওহিত হ্যয় যো হর্ বাম তলে
জিস্ম পর্ রাখ মলে, মাথে পে সিন্দুর মলে
সর্ নিগুঁ ব্যয়ঠে হ্যয় চুপ-চাপ ন জানে কব সে
ইস্ তরহ্ হ্যয় কে পস্-এ-পর্দা কোঈ সাহির হ্যয়
জিস্ নে আফাক্ পে ফয়লায়া হ্যয় য়ুঁ সিহর্ কা দাম।

দামন্-এ-ওয়ক্ত সে পয়ওয়স্ত হ্যয় য়ুঁ দামন্-এ-শাম
অব্ কভি শাম বুঝেগি ন অন্ধেরা হোগা
অব্ কভি রাত ঢলেগি ন সওয়েরা হোগা।

আসমাঁ আস লিয়ে হ্যয় কে ইয়ে যাদু টুটে
চুপ কি জঞ্জির কটে, ওয়ক্ত কা দামন্ ছুটে
দে কোঈ সনখ দুহাঈ, কোঈ পায়ল বোলে
কোঈ বুত জাগে, কোঈ সাঁওলী ঘুঙ্ঘট খোলে।

৪১)   সন্ধ্যা

এমন মনে হচ্ছে প্রতিটি বৃক্ষ যেন এক একটি মন্দির
কোন ভগ্ন-প্রায়, আলোক-বিহীন পুরনো মন্দির
যেন সেই কবে থেকে তার ধ্বংসের বাহানা খুঁজে চলেছে
প্রতিটি ভাঙা ছাত, প্রতিটি দরজাই যেন শেষ নিঃশ্বাস ফেলছে।

আকাশ যেন এক পুরোহিতের মতো যে প্রতিটি আচ্ছাদনের নীচে
শরীরে ভস্ম মেখে, কপালে সিঁদুরের ফোঁটা এঁকে
মাথা নীচু করে চুপচাপ বসে আছে, কে জানে সেই কবে থেকে।
মনে হয় যেন পর্দার পিছনে কোনও যাদুকর রয়েছে
যে, দিগন্তের উপর দিয়ে তার যাদুর জাল বিছিয়ে দিয়েছে।

সময়ের আঁচলের সঙ্গে সন্ধ্যার আঁচলটি এমন ভাবে বাঁধা পড়েছে
যেন এখন আর কখনো এই সন্ধ্যাটি নিভে যাবেনা, আঁধার
ঘনাবেনা
এখন আর কখনো রাত শেষ হবেনা, ভোরও হবেনা।

আকাশ যেন এই আশায় আছে যে এই ইন্দ্রজাল টুটে যাবে
এই নিঃস্তব্ধতার শিকল কেটে যাবে, সময়ের আঁচল মুক্ত হবে
কোথাও কোনও শাঁখ বেজে উঠবে, কোনও পায়েল মুখর হবে
কোনও প্রতিমা জেগে উঠবে, কোনও শ্যামলী ঘোমটা তুলে
দেবে।

৪২)   আজ বাজারমেঁ পা-বজ্ওলাঁ চলো

চশম্-এ-নম্, জান্-এ-শোরিদা কাফ্রি নহিঁ
তুহ্মত্-এ-ঈশ্ক্-এ-পোশিদা কাফ্রি নহিঁ
আজ বাজার মেঁ পা-বজ্ওলাঁ চলো

দস্ত্-অফ্শাঁ চলো, মস্ত্-এ-রক্সাঁ, চলো
খাক্ বর্ সর্ চলো, খুন্ ব-দামন্, চলো
রাহ্ তক্তা হয়, সব্ শহর-এ-জানাঁ, চলো

হাকিম-এ-শহর ভি, মজ্মহ্-এ-আম ভি –
তীর-এ-ইল্জাম ভি, সংগ্-এ-দুশ্নাম ভি –
সুবহ্-এ-নাশাদ ভি, রোজ্-এ-নাকাম ভি।

ইন্কা দম্-সাজ্ অপ্নে সিওয়া কৌন হয়?
শহর-এ-জানাঁ মেঁ অব্ বা-সফা কৌন হয়?
দস্ত্-এ-কাতিল কে শায়াঁ রহা কৌন হয়?

রখ্ত্-এ-দিল্ বান্ধ্ লো, দিল্-ফ‍গারো, চলো
ফির্ হমিঁ কত্ল হো আয়েঁ, ইয়ারো, চলো।

৪২)   খোলা বাজারে আজ শিকল-বাঁধা পায়ে চলো

জলে ভেজা চোখ, প্রাণের ব্যাকুলতাই যথেষ্ট নয়
গোপন প্রেমের অভিযোগও যথেষ্ট নয়
আজ খোলা বাজারে শিকল বাঁধা পায়ে চলো।

হাত দুটিতে হিল্লোল তুলে, উন্মত্ত তান্ডবে চলো
মাথায় ধুলো মেখে চলো, রক্ত-মাখা পোষাকে চলো
শহরের সব প্রিয়জনেরা পথের দিকে তাকিয়ে আছে, চলো।

নগরপালও, এবং জনসমাবেশও,
দোষারোপের তীরও, বদনামীর প্রস্তরখণ্ডও,
অপ্রসন্ন সকালটিও, অসফল দিনটিও,

এদের আপনজন আমরা ছাড়া আর কে আছে?
প্রিয়জনের এই শহরে আজ পবিত্র কে আছে?
খুনীর হাতের যোগ্য আর কে পড়ে আছে?

হৃদয়ের বোঝা বেঁধে নাও, ভগ্ন-হৃদয়, চলো
আবার আমরা খুন হয়ে আসি, বন্ধুগণ, চলো।

৪৩)   কয়েদ-এ-তন্হাঈ

দূর আফাক্ পে লহরাঈ কোঈ নূর্ কি লহর
খোয়াব হি খোয়াব মেঁ বেদার হুয়া দর্দ কা শহর
খোয়াব হি খোয়াব মেঁ বে-তাব নজর্ হোনে লগি
অদম্-আবাদ-এ-জুদাঈ মেঁ সহর্ হোনে লগি।

কাসহ্-এ-দিল্ মেঁ ভরি অপ্নি সবুহি ম্যঁয়-নে
ঘোলকর্ তল্খি-এ-দিরোজ্ মেঁ ইম্রোজ্ কা জহর্
দূর আফাক্ পে লহরাই কোঈ নূর্ কি লহর।

আঁখ সে দূর কিসি সুবহ্ কি তম্হিদ লিয়ে,
কোঈ নঘ্মা, কোঈ খুশ্বু, কোঈ কাফির সুরত্
অদম্-আবাদ-এ-জুদাঈ মেঁ মুসাফির সুরত্
বে-খবর্ গুজ্রি, পরেশানী-এ-উম্মীদ লিয়ে।

ঘোলকর্ তল্খি-এ-দিরোজ্ মেঁ ইম্রোজ্ কা জহর্
হস্রত্-এ-রোজ্-এ-মুলাকাত্ রক্ম্ কী ম্যঁয়-নে
দেস পরদেস কে ইয়ারাঁ-এ-কদহ্খোয়ার কে নাম
হস্ন্-এ-আফাক্, জমাল-এ-লব্-ও-রুখসার কে নাম।

৪৩)   নির্জন কারাবাস

দূর দিগন্ত পারে, কোনও আলোর ঢেউ খেলে যায়
স্বপ্নের মাঝেই বেদনার্ত শহর জেগে উঠছে
স্বপ্নের মাঝেই দৃষ্টি চঞ্চল হতে শুরু করেছে
বিচ্ছেদের প্রেতলোকে, ভোর হতে শুরু করেছে।

হৃদয়ের পেয়ালায় আমি ভোর বেলাকার সুরা ভরে নিয়েছি
গতকালের তিক্ততার মাঝে আজকের দিনের বিষ মিশিয়ে নিয়েছি
-
দূর দিগন্তে কোনও আলোর ঢেউ খেলে যায়।

দৃষ্টির বাইরে কোন ভোরের ভবিষ্যৎবাণী নিয়ে –
কোনও সঙ্গীত, কোনও সুগন্ধ, কোনও অসৎ মুখ
বিচ্ছেদের প্রেতলোকে ভ্রমণকারী কোনও মুখ
এলোমেলো ভাবে চলে গেলো, আশার যন্ত্রণা নিয়ে।

গতদিনের তিক্ততার সঙ্গে আজকের দিনের বিষ মিশিয়ে
আমার হতাশাকে আমি উৎসর্গ করলাম, মিলনের মুহূর্তের নামে
দেশ-বিদেশের পান-পাত্রের বন্ধুদের নামে,
এই পৃথিবীর শোভা, আর গাল ও ঠোঁটের সৌন্দর্যের নামে।

৪৪)   হম্‌দ

মল্‌কা-এ-শহর-এ-জিন্দগী, তেরা
শুক্‌র কিস্‌ তওর সে অদা কি যে?
দওলত্‌-এ-দিল্‌ কা কুছ্‌ শুমার নহিঁ
তংগদস্তি কা ক্যা গিলা কি যে?
যো তেরা হস্ন কে ফকির হুয়ে
উন্‌কো তশ্‌উইশ-এ-রোজ্‌গার কহাঁ?
দর্দ বেচেঙ্গে, গীত গায়েঙ্গে –
ইস্‌ সে খুশওয়ক্ত কার-ও-বার কহাঁ?
জাম ছল্‌কা তো জম্‌ গঈ মহ্‌ফিল্‌,
মিন্নত্‌-এ-লুত্‌ফ-এ-ঘম্‌গঙুসার কিসে?
অশ্‌ক টপ্‌কা তো খিল্‌ গয়া গুল্‌শন্‌,
রন্‌জ-এ-কম্‌জর্‌ফি-এ-বহার কিসে?
খুশনশী হ্যাঁয় কে চশ্‌ম ও দিল্‌ কি মুরাদ
দয়ের মেঁ হ্যয় ন খান্‌কাহ মেঁ হায়
হম্‌ কহাঁ কিস্‌মৎ আজ্‌মানে যায়েঁ?
হর্‌ সনম্‌ অপ্‌নি বারগাহ্‌ মেঁ হ্যয়।
কৌন এ্যয়সা ধনী হ্যয় জিস্‌-সে কোঙ
নক্‌দ-এ-শম্‌স-ও-ক্‌মর্‌ কি বাত করে?
জিস্‌ কো শওক্‌-এ-নবর্দ কো হম্‌-সে
যায়ে, তস্‌খীর-এ-কায়নাত করে।

৪৪)   স্তবগাথা

ওগো জীবন-নগরীর রাণী, তোমায়
কিভাবে কৃতজ্ঞতা জানানো যায়?
হৃদয়ের ঐশ্বর্যের তো কোনও গণনা হয়না
দারিদ্র্য নিয়ে কি আর অভিযোগ করা যায়?
যারা তোমার সৌন্দর্যের ভক্ত হয়েছে,
তাদের আর উপার্জনের চিন্তা কোথায়?
দুঃখের বেসাতি করবো, গান গাইবো –
এর চাইতে আনন্দময় পেশা আর কোথায়?
পেয়ালা উপচে পড়লো তো আসর জমে গেলো,
সমব্যথীর উদারতার প্রতি আবার কৃতজ্ঞতা কিসের?
অশ্রুকণা ঝরে পড়লে যদি ফুল ফুটে ওঠে –
তাহলে বসন্তের কার্পণ্যে আর দুঃখ কিসের?
আমরা ভাগ্যবান যে আমাদের দৃষ্টি ও হৃদয়ের কামনা
মন্দিরেও নয়, বা মসজিদেও নয়
আমরা কোথায় যাবো আমাদের ভাগ্যকে পরখ করতে?
প্রতিটি প্রিয়-প্রতিমা আমাদের ভবনেই আছে।
এমন ঐশ্বর্যবান কে আছে, যার সঙ্গে কেউ
চন্দ্র-সূর্যের দরদাম নিয়ে কথা বলে?
যার আমাদের সঙ্গে যুদ্ধে নামার শখ আছে
যাক, সে গিয়ে এই বিশ্ব-ব্রহ্মান্ড কে জয় করুক।

৪৫)   ঢল্‌তি হ্যয় মওজ্‌-এ-ম্যয়

ঢল্‌তি হ্যয় মওজ্‌-এ-ম্যয় কি তরহ্‌ রাত ইন্‌ দিনোঁ
খিল্‌তি হ্যয় সুবহ্‌ গুল্‌ কি তরহ্‌ রংগ্‌ ও বু সে পুর
ভীরান হ্যয় জাম, পাস করো কুছ বহার কা
দিল্‌ আরজু-সে পুর করো, আঁখে লহ্‌ সে পুর।

৪৫)   সুরার ঢেউ বয়ে চলেছে

সুরার ঢেউয়ের মতো আজকাল রাত বয়ে যায়
প্রভাত যেন গন্ধ ও রঙে ভরপুর গোলাপের মতো ফোটে
যদি পেয়ালা শূন্য হয়ে যায় বসন্তকে কিছুটা সম্মান জানাও
হৃদয় কামনায় পূর্ণ করো, চোখ দুটি রক্তে ভরে উঠুক।

৪৬)   মুলাকাত্‌ মেরি

সারি দিওয়ার সিয়া হো-গঈ তা হলকহ্‌-এ-বাম
রাস্তে বুঝ্‌-গয়ে, রুখ্‌সত্‌ হুয়ে রাহ্‌-গির্‌ তমাম
অপ্‌নি তন্‌হাঈ সে গোয়া হুঈ ফির্‌ রাত মেরি
হো ন হো আজ ফির্‌ আঈ হয় মুলাক্বাত্‌ মেরি।

এক হথেলী পে হিনা, এক হথেলী পে লহু
এক নজ্‌র্‌ জহর্‌ লিয়ে, এক নজ্‌র্‌ মেঁ দারু
দের সে মঞ্জিল্‌-এ-দিল্‌ মেঁ কোঈ আয়া ন গয়া
ফর্‌কত্‌-এ-দর্দ মেঁ বে-আব হুয়া তখ্‌তা-এ-দাগ্‌
কিস্‌-সে কহিয়ে কে ভরে রংগ্‌ সে জখ্‌মোঁ কে আয়াগ্‌?

অউর ফির্‌ খুদ্‌-হি চলি আঈ মুলাক্বাত্‌ মেরি
আস্‌না মওত্‌ জো দুশ্‌মন্‌ ভি হয়, গম্‌খ্‌ওয়ার ভি হয়
উয় জো হম্‌ লোগোঁ কি ক্বাতিল্‌ ভি হয়, দিলদার ভি হয়।

৪৬)   আমার সাক্ষাৎকার

ছাদের পরিধি পর্যন্ত সব দেওয়ালগুলি কালো হয়ে গেছে
পথ গুলি আঁধারে ঢেকে গেছে সব পথিকেরা বিদায় নিয়েছে
আমার রাত্রি আবার তার নির্জনতার সঙ্গে কথা বলছে
হোক বা না হোক, আজ আবার আমার সাক্ষাৎকারের সময়
এসেছে।

এক হাতে মেহেদী, এক হাতে রক্ত,
এক আঁখিতে বিষ, আরেক আঁখিতে ঔষধ।
অনেক দিন হৃদয়ের প্রাসাদে কেউ আসা যাওয়া করেনি
দুঃখের একাকীত্বে ক্ষত-বিক্ষত ফুলশয্যাটি জল-সিক্ষিত হয়নি।
জখমের পেয়ালাটি রঙে ভরপুর করে দেওয়ার কথা কাকেই বা
বলবো?

আর আবার নিজেই চলে এসেছে আমার সাক্ষাৎকার;
পরিচিত মৃত্যু, যে আমার শত্রু, আবার সমব্যথীও বটে
সে যে আমার ঘাতক, আবার প্রিয়তমও বটে।

৪৭)   খ্‌তম্‌ ছঈ বারিশ-এ-সংগ্‌

নাগহাঁ আজ মেরে তার-এ-নজ্‌র সে কট্ কর্‌
টুকড়ে টুকড়ে হয়ে আফাক্‌ পে খুরশীদ ও ক্‌মর্‌
অব্ কিসি সিমট্ অন্ধেরা ন উজালা হোগা
বুঝ্-গঈ দিল্ কি তরহ্, রাহ্-এ-ওয়াফা মেরে বাদ
দোস্তো! ক্‌াফিলা-এ-দর্দ কা অব্ ক্যয়া হোগা?

অব্ কোঈ অউর করে পর্‌ওয়রীশ-এ-গুলশন্-এ-গ্‌ম্‌
দোস্তো! খ্‌তম্‌ ছঈ দিদহ্-এ-তর্ কি শবনম্‌
থম্ গয়া শোর-এ-জুনুন, খ্‌তম্‌ ছঈ বারিশ-এ-সংগ
খ্‌াক-এ-রাহ্ আজ লিয়া হ্যয় লব্-এ-দিল্‌দার কা রংগ।

কু-এ-জানাঁ মেঁ খুলা মেরে লহু কা পরচম্‌
দেখিয়ে, দেতে হ্যঁয় কিস্ কিস্-কো সদা মেরে বাদ

“কৌন হোতা হ্যয় হরিফ্-এ-ম্যয়-এ-মর্দ অফ্‌গন্-এ-ঈশক্‌
হ্যয় মুকরর লব্-এ-সাক্‌ী পে সলা মেরে বাদ।"   (গ্‌ালীব)

৪৭)   প্রস্তর-বর্ষণ শেষ হয়েছে

আজ সহসা আমার দৃষ্টির তারেতে কেটে
টুকরো টুকরো হয়ে গেলো আকাশের চন্দ্র-সূর্য!
এখন আর কোন দিকেই আঁধার বা আলো হবেনা;
আমার পরে আমার হৃদয়ের মতো, বিশ্বাসের পথটি নিভে গেলো

বন্ধুগণ! দুঃখের শোভা-যাত্রার এবার কি হবে?
এখন অন্য কেউ দুঃখের ফুল বাগিচার দেখাশোনা করুক
বন্ধুগণ! ভিজে চোখের শিশির ফুরিয়ে গেছে –
পাগলামির চীৎকার থেমে গেছে, থেমে গেছে প্রস্তর বর্ষণ।
পথের ধুলো আজ প্রিয়তমার ঠোঁটের রঙের মতো রঙিন হোল

আমার প্রিয়ার পথের পরে আমার রক্তের পতাকা উড়ছে;
দেখুন, আমার (চলে যাওয়ার) পরে আর কাকে কাকে সে
ডাক দিয়ে যায়।

"সে বীরের প্রতিদ্বন্দ্বী কে আছে, যে প্রেমের সুরা উছলে ফেলে
দেয়
আমার (চলে যাওয়ার) পরে, সাকীর অধরে বারংবার কান্না
ফিরে আসে।" (গালীব)

৪৮)   রংগ্‌ হ্যয় দিল্‌ কা মেরে

তুম্‌ না আয়ে থে তো হর্‌ চিজ্‌ উয়হী থি কে যো হ্যয়
আসমাঁ হদ্দ-এ-নজর্‌, রাহগুজর্‌ রাহগুজর্‌, শিশহ্-এ-ম্যয় শিশহ্-
এ-ম্যয়
অউর অব্‌ শিশহ্-এ-ম্যয়, রাহগুজর্‌, রংগ্‌-এ-ফলক্‌,
রংগ্‌ হ্যয় দিল্‌ কা মেরে, খুন্‌-এ-জিগর্‌ হোনে তক্‌।

চম্পঈ রংগ্‌ কভি, রাহত্‌-এ-দিলদার কা রংগ্‌
সুরমঈ রংগ্‌ কে হ্যয় সআত্‌-এ-বেজার কা রংগ্‌
জর্দ পত্তোঁ কা, খস্‌-ও-খার কা রংগ্‌
সুর্খ ফুলোঁ কা, দহক্‌তে হুয়ে গুল্‌জার কা রংগ্‌।
জহর্‌ কা রংগ্‌, লহু রংগ্‌, শব্‌-এ-তার কা রংগ্‌
আসমাঁ, রাহগুজর্‌, শিশহ্-এ-ম্যয়
কোঈ ভিগা হুয়া দামন্‌, কোঈ দুখতি হুঈ রগ্‌

কোঈ হর্‌ লহজা বদল্‌তা হুয়া আঈনা হ্যয়।
অব্‌ যো আয়ে হো তো ঠহরো, কে কোঈ রংগ্‌, কোঈ রুত্‌,
কোঈ শয়ে
এক জগা পর্‌ ঠহরে,
ফির্‌ সে এক বার হরেক চিজ্‌ উয়হী হো কে যো হ্যয় –
আসমাঁ হদ্দ-এ-নজর্‌, রাহগুজর্‌ রাহগুজর্‌, শিশহ্-এ-ম্যয় শিশহ্-
এ-ম্যয়।

৪৮)	আমার হৃদয়ের রঙ

তুমি যদি না আসতে, সব কিছু ঠিক তাই থাকতো যা আছে
দৃষ্টির সীমারেখা ঐ আকাশ, পথ পথই, সুরাপাত্র সুরাপাত্রই
আর এখন সুরার পেয়ালা, পথ, আকাশের রঙ
আমার হৃদয়ের রঙ, এখনই হৃদয়ের রক্তে পরিণত হবে।

কখনো চাঁপা রঙ, প্রিয় মিলনের রঙ -
সুর্মার রঙের মতো - অপ্রসন্ন মুহূর্তের রঙ,
হলুদ পাতার রঙ, শুকনো ঘাস-পাতা ও কাঁটার রঙ
রক্তিম পুস্পের, জ্বলন্ত পুষ্পোদ্যানের রঙ।
বিষের রঙ, রক্তের রঙ, গভীর রাত্রির রঙ
আকাশ, জনপথ, সুরার পেয়ালা -
কোনও অশ্রুসিক্ত আঁচল, কোনও ব্যথিত শিরা

কোনও প্রতিমুহূর্তে বদলাতে থাকা আয়না।
এখন যদি এসেইছো তো দাঁড়াও; যাতে কোন রঙ, কোন ঋতু,
সবকিছুই
একই জায়গায় স্থির থাকে;
আবার একবার, সবকিছু যা ছিল, যেন তাই হয়ে যায় –
আকাশ হোক দৃষ্টির সীমানা, পথ পথই, সুরাপাত্র সুরাপাত্রই।

৪৯)   পাস রহো

তুম্ মেরে পাস রহো
মেরে ক্বাতিল্, মেরে দিল্দার, মেরে পাস রহো
জিস্ ঘড়ি রাত চলে
আসমানোঁ কা লহূ পী-কে সিয়া রাত চলে।

মর্হম্-এ-মুশ্ক লিয়ে, নিশ্তর্-এ-অল্মাস লিয়ে
বইন্ করতি হুঈ, হঁসতি হুঈ, গাতী নিকলে
দর্দ কে কাস্নি পাজেব বজাতে নিকলে

জিস্ ঘড়ি সিনোঁ মেঁ ডুবে হুয়ে দিল্
আস্তিনোঁ মেঁ নিহাঁ হাথোঁ কি রাহ্-তাকনে লগেঁ
আস লিয়ে;
অউর বচ্চোঁ কে বিলকনে কি তরহ কুল্কুল্-এ-ম্য়
বহর্-এ-নাসুদগী মচলে তো মনায়ে না মানে
যব্ কোঈ বাত বনায়ে ন বনে
যব্ কোঈ বাত ন চলে

জিস্ ঘড়ি রাত চলে
জিস্ ঘড়ি মাতমী, সুনসান্, সিয়া রাত চলে
পাস রহো,
মেরে কাতিল্, মেরে দিল্দার, মেরে পাস রহো।

৪৯)   পাশে থাকো

তুমি আমার পাশে থাকো
আমার ঘাতক, আমার প্রিয়তম, আমার পাশে থাকো
যে প্রহরে রাত ঘনিয়ে আসে
আকাশের রক্ত পান করে গভীর রাত আসে।

কস্তুরী-সৌরভের স্নেহ-লেপ নিয়ে, হীরক-শলাকা নিয়ে
বিলাপ করতে করতে, হাসতে হাসতে, গান গাইতে গাইতে
দুঃখের লৌহ-নূপুর বাজাতে বাজাতে বেরিয়ে আসে।

যে প্রহরে বুকের মধ্যে লুকিয়ে থাকা হৃদয়
আস্তিনের মধ্যে মিলিয়ে থাকা হাতের পথ চেয়ে থাকে
আশা নিয়ে;
আর শিশুর ফুঁপিয়ে ওঠা কান্নার মতো সুরা উচ্ছলিত হয়ে ওঠে
হতাশার কারণে ব্যাকুল হলে, বোঝালে বোঝেনা
যখন কোন কথা বলতে গেলেও, বলা হয়না
যখন কোন কথাই বলা হয়না।

যে প্রহরে রাত ঘনিয়ে আসে
যে প্রহরে শোকাকুল, নির্জন, গভীর কালো রাত ঘনিয়ে আসে
পাশে থাকো,
আমার কাতিল্‌, আমার প্রিয়তম, আমার পাশে থাকো।

৫০)   মন্‌জ়র্

রহ্‌গুজ়র্, সায়ে, শজর্, মন্‌জ়িল্‌-ও-দর্, হল্‌কহ্‌-এ-বাম
বাম পর্ সিনা-এ-মহ্‌তাব খুলা আহিস্তা
জিস্ তরহ্ খোলে কোঈ বন্দ্‌-এ-ক়বা আহিস্তা

হল্‌কহ্‌-এ-বাম তলে সায়োঁ কা ঠহ্‌রা হুয়া নীল
নীল কি ঝিল
ঝিল মেঁ চুপ্‌কে সে তয়রা কিসি পত্তে কা হবাব
এক পল্ তয়রা, চলা, ফুট-গয়া আহিস্তা।

বহত্ আহিস্তা, বহত্ হল্‌কা, খুনক রংগ-এ-শরাব
মেরে শিশে মেঁ ঢলা আহিস্তা
শিশা-ও-জাম, সুরাহী, তেরে হাখোঁ কা গুলাব
জিস্ তরহ্ দূর কিসি খোয়াব কা নকশ্
আপ হি আপ বনা, অউর মিটা – আহিস্তা।

দিল্‌-নে দোহ্‌রায়া কোঈ হর্ফ়-এ-ওয়াফ়া আহিস্তা –
তুম্‌-নে কহা “আহিস্তা”
চান্দ্‌-নে ঝুক্ কে কহা –
“অউর জ়রা আহিস্তা !”

৫০)   দৃশ্য

জনপথ, ছায়া, বৃক্ষরাজি, ভবন ও দুয়ার, ছাতের পরিসীমা
ছাতের উপরে, চাঁদের বুক যেন আস্তে আস্তে খুলে গেলো
যেমন করে কেউ পোশাকের বন্ধন খোলে – আস্তে।

ছাতের সীমানার নীচে ছায়াদের স্তব্ধ নীল,
নীল ঝিল;
ঝিলের মধ্যে চুপিচুপি ভেসে গেল কোনও পাতার বুদ্বুদ,
এক পল ভাসলো, চললো, ভেঙে গেলো – আস্তে।

খুব আস্তে, খুব হাল্কা ভাবে শরাবি রঙের শীতলতা
আমার পেয়ালায় ঢলে পড়লো – আস্তে ;
কাঁচপাত্র ও পেয়ালা, ভৃঙ্গার, তোমার হাতের গোলাপ
যেমন করে দূরে যেন কোনও স্বপ্নের আলপনা
আপনা হতেই আঁকা হলো আর আপনিই মুছে গেলো।

হৃদয় বারবার কোনও বিশ্বস্ততার কথা উচ্চারণ করলো – আস্তে
তুমি বললে "আস্তে!"
চাঁদ ঝুঁকে পড়ে বললো –
"আরো একটু আস্তে!"

গ্রয়ের-মুদাওয়অান্ মন্‌জ্জুমাত্

(অসঙ্কলিত কবিতাগুচ্ছ)

৫১)   গীত

দর্দ থম্ যায়েগা, গম্ ন কর্ গম্ ন কর্ –
ইয়ার্ লৌট-আয়েঙ্গে, দিল্ ঠহর্ যায়েগা, গম্ ন কর্
জখম্ ভর্ যায়েগা, গম্ ন কর্, গম্ ন কর্
দিন্ নিকল্ আয়েগা, গম্ ন কর্, গম্ ন কর্
অবর্ খুল্ যায়েগী, গম্ ন কর্, গম্ ন কর্
রুত্ বদল্ যায়েগী, গম্ ন কর্, গম্ ন কর্

৫১)   গান

বেদনার পরিসমাপ্তি হবে, দুঃখ কোরোনা, দুঃখ কোরোনা, –
বন্ধু ফিরে আসবে, হৃদয় শান্ত হবে, দুঃখ কোরোনা, দুঃখ
কোরোনা –
ক্ষত আরোগ্য হবে, দুঃখ কোরোনা, দুঃখ কোরোনা –
শুভদিনের উদয় হবে, দুঃখ কোরোনা, দুঃখ কোরোনা –
রাত্রির অবসান ঘটবে, দুঃখ কোরোনা, দুঃখ কোরোনা –
ঋতু বদলে যাবে, দুঃখ কোরোনা, দুঃখ কোরোনা।

৫২) ব্ল্যাক-আউট

যব্-সে বে-নূর্ হুঈ হ্যাঁয় শামেঁ
থাক্ মেঁ ঢুন্ডতা ফিরতা হুঁ, ন জানে কিস্ জা,
খো-গঈ হ্যয় মেরি দোনো আখেঁ
তুম্ যো ওয়াকিফ্ হো তো বতাও কোঈ পহ্চান মেরি।
ইস্ তরহ্ হ্যয় কে হরেক্ রগ্ মেঁ উতর্-আয়া হ্যয়
মওজ দর্ মওজ, কিসি জহর্ কা কাতিল দরিয়া
তেরা অর্মান, তেরি ইয়াদ লিয়ে, জান মেরি
জানে কিস্ মওজ মেঁ গল্তাঁ হ্যয় কহাঁ দিল্ মেরা?

এক্ পল্ ঠহরো কে উস্-পার কিসি দুনিয়া-সে
বর্ক আয়ে মেরি জানিব্ ইয়দ্-এ-বেজা লেকর্
অউর মেরি আখোঁ-কে গুম্-গস্তাহ্ গুহর্
জাম্-এ-জুল্মত সে সিয়াহমস্ত নয়ে আখোঁ কে শব্তাব গুহর্,
লওটা দে।

এক্ পল্ ঠহরো কে দরিয়া কা কহিঁ পাট লগে
অউর নয়া দিল্ মেরা
জহর্ মেঁ ধুল্-কে, ফনা হো-কে, কিসি ঘাট লগে
ফির পায়ে নজর্ নয়ে দিদা ও দিল্ লে-কে চলুঁ
হুস্ন কি মদহ্ করুঁ, শওক্ কা মজমুন্ লিখখুঁ।

৫২)   নিষ্প্রদীপ

যবে থেকে সন্ধ্যাগুলি আলোক-হীন হয়েছে
ধূলোর মাঝে খুঁজে বেড়াই – জানিনা কোথায়
আমার চোখদুটি হারিয়ে গেছে;

তুমি যে আমাকে চেনো, আমার কি পরিচয় বলে দাও।
মনে হচ্ছে যেন প্রতিটি শিরাতে নেমে এসেছে
কোন বিষাক্ত খুনী স্রোতস্বিনীর ঢেউ এর পর ঢেউ –
তোমার অভিলাষ, তোমার স্মৃতি নিয়ে, প্রিয়া আমার
কোথায় কোন ঢেউয়ে আমার হৃদয় হারিয়ে যাচ্ছে কে জানে?

এক মুহূর্ত দাঁড়াও; যদি ওপারের কোনও দুনিয়া থেকে
উজ্জ্বল হাত নিয়ে বিদ্যুৎ আমার দিকে ছুটে আসে
আর আমার চোখের হারিয়ে যাওয়া মুক্তো
অন্ধকারের পানপাত্র দ্বারা নেশাগ্রস্ত, নতুন চোখের উজ্জ্বল মুক্তো
ফিরিয়ে দেয়।

এক মুহূর্ত দাঁড়াও; যদি নদীর পার খুঁজে পাওয়া যায়
আর আমার এই নতুন হৃদয়
বিষন্নাত হয়ে, ধ্বংস হয়ে, কোনও ঘাটে লাগে
আবার নতুন দৃষ্টি ও হৃদয়ের শ্রদ্ধার্ঘ্য নিয়ে চলি
সৌন্দর্যের উপাসনা করি, বাসনার নিবন্ধ লিখি।

৫৩)   হার্ট অট্যাক

দর্দ ইত্‌না থা কে উস্‌ রাত দিল্-এ-উহ্‌শী নে
হর্‌ রগ্-এ-জাঁ সে উলঝ্‌না চাহা
হর্‌ বুন্-এ-মূ সে টপক্‌না চাহা

অউর কহিঁ দূর্, তেরি সহন্-এ-চমন্‌ মেঁ গোয়া
পত্তা পত্তা মেরে অফ্‌সুর্‌দা লহু মেঁ ধুল্‌কর্‌
হুস্ন্-এ-মহতাব সে আজুর্‌দা নজ়র্‌ আনে-লগা।

মেরে ভীরানা-এ-তন্‌ মেঁ গোয়া
সারে দুখ্‌তে হুয়ে রেশোঁ কি তনাবে খুল্‌কর্‌
সিল্‌সিলা-ওয়ার পতা দেনে লগি
রুখ্‌সত্-এ-ক়াফিলা-এ-শওক কি তইয়ারী কা

অউর যব ইয়াদ কি বুঝতি হুঈ শমোঁ মেঁ নজ়র্‌ আয়া কহিঁ
এক পল, আখরী লমহ তেরি দিল্‌দারী কা
দর্দ ইত্‌না থা কে উস্-সে ভি গুজ়র্‌না চাহা –
হম্‌ নে চাহা ভি, মগর্‌ দিল্‌ ন ঠহর্‌না চাহা।

৫৩)　　　　হার্ট – অ্যাটাক

যন্ত্রনা এত বেশী ছিলো যে, সে রাতে আমার বন্য হৃদয়,
প্রাণের প্রতিটি শিরার সঙ্গে যুদ্ধ চেয়েছিলো,
প্রতিটি রোমকূপ দিয়ে ঝরে পড়তে চেয়েছিলো;

আর দূরে কোথাও, যেন তোমার উদ্যান-প্রাঙ্গণে
প্রত্যেকটি পল্লব আমার উদাসী রক্তে স্নান করে
চন্দ্রালোকের সৌন্দর্যে মলিন দেখাতে লাগলো।

যেন আমার শরীরের মরুভূমিতে
সমস্ত বেদনার্ত শিরাগুলির তাঁবুর দড়ি খুলে
একের পর এক জানিয়ে দিতে লাগলো
বাসনার শোভাযাত্রার বিদায়ের তোড়জোড়ের।

আর যখন স্মৃতির নিভে আসা বাতির প্রতি চোখ পড়লো
এক মুহূর্ত, তোমার ভালোবাসার অন্তিম মুহূর্ত –
যন্ত্রণা এত বেশী ছিলো যে তাও পার হয়ে যেতে চেয়েছি
আমি চেয়েছি, কিন্তু হৃদয় থামতে চায়নি।

৫৪)   দুওয়া

আইয়ে হাথ উঠায়েঁ হম্ ভি
হম্ জিন্হে রসম্-এ-দুওয়া ইয়াদ নহিঁ
হম্ জিন্হে সওজ্-এ-মহব্বৎ কে সিওয়া
কোঈ বুত্, কোঈ খুদা ইয়াদ নহিঁ।

আইয়ে অর্জ্ গুজ়ারেঁ কে নিগার-এ-হস্তি
জ়হর-এ-ইম্রোজ় মেঁ শিরিনিঁ-এ-ফর্দা ভর দে
উয় জিন্হে তাব-এ-গিরাঁবারি-এ-অয়্যাম নহিঁ
উন্কি পল্কোঁ পে শব ও রোজ় কো হল্কা কর্-দে।

জিন্কি আখোঁ কো রুখ্-এ-সুবহ্ কা ইয়ারা ভি নহিঁ
উন্কি রাতোঁ মেঁ কোঈ শম্ মুনওর কর্ দে
জিন্ কে কদমোঁ কো কিসি রহ্ কা সহারা ভি নহিঁ
উন্কি নজ়রোঁ পে কোঈ রাহ্ উজাগর্ কর্ দে।

(৫৪)   প্রার্থনা

আসুন, আমরাও দুহাত ওঠাই
আমরা, যাদের প্রার্থনার নিয়ম কানুন স্মরণ নেই
আমরা, যাদের প্রেমের অগ্নিশিখা ব্যতীত
কোনও প্রতিমা, কোনও দেবতা স্মরণ নেই।

আসুন, এই প্রার্থনা নিবেদন করি যে, প্রাণ-প্রতিমা
যেন আজকের বিষে – আগামীকালের সৌন্দর্য ঢেলে দেয়
সেই যাদের দৈনন্দিন বোঝা বহন করবার শক্তি নেই
তাদের চোখের পাতায় রাত্রি ও দিনের বোঝা হাল্কা করে দাও।

যাদের চোখে প্রভাতের মুখ দেখারও শক্তি নেই
তাদের রাত্রিগুলিকে কেউ বাতির আলোয় উজ্জ্বল করে দিক
যাদের পদক্ষেপ কোনও পথের আশ্রয়টুকুও পায়না
তাদের দৃষ্টিতে কেউ তাদের পথ আলোকিত করে দিক।

জিন্‌কা দিন পয়রওয়ী-এ-কিজ্‌ব-ও-রিয়া হয়, উন্‌কো
হিম্মত-এ-কুফ্র মিলে, জুরাত-এ-তহ্‌কীক মিলে
জিন্‌কে সর্‌ মুন্‌তজির-এ-তেগ্‌-এ-জফা হয়, উন্‌কো
দস্ত-এ-ক্বাতিল্‌ কো ঝটক্‌ দেনে কি তওফীক মিলে।

ঈশ্‌ক্‌ কা সিরই-এ-নিহাঁ জান্-এ-তপাঁ হয়, জিস্-সে
আজ ঈক্‌রার করেঁ অউর তপিশ মিট্‌ যায়ে
হরফ্‌-এ-হক্‌, দিল্‌ মেঁ খট্‌কতা হয় যো কাঁটেঁ কি তরহ
আজ ঈক্‌রার করেঁ অউর খলিশ্‌ মিট্‌ যায়ে।

যাদের ধর্ম – মিথ্যা ও শঠতার অনুসরণ করা, তাদের
যেন অস্বীকার করবার সাহস মেলে, অনুসন্ধানের তীব্রতা মেলে
যাদের মাথা অত্যাচারের খড়্গের অপেক্ষায় আছে, তাদের
যেন ঘাতকের হাত ঝটকা দিয়ে ছাড়ানোর শক্তি মেলে।

ভালোবাসার অদৃশ্য গোপনীয়তা, জীবনের সেই উত্তাপ যার কাছে
আজ প্রতিজ্ঞা করি, আর দহন মিটে যায়।
সত্যের সেই শব্দগুলি যা হৃদয়ে কাঁটার মতো খচখচ করছে –
যার কাছে
আজ অস্বীকার করি, আর দুশ্চিন্তা মিটে যায়।

পরিশিষ্ট

ইকবাল বানো এবং ফয়েজ আহমেদ ফয়েজ

আজ আপনাদের কাছে এমন একজনের কথা বলবো যাঁর জীবনে ফয়েজ আহমেদ ফয়েজের প্রভাব বিশেষ ভাবে স্বীকার্য। তিনি হলেন বিখ্যাত গায়িকা ইকবাল বানো।

তাঁর কথা বলতে গেলে কিছুটা পিছিয়ে যেতে হবে।

ইকবাল বানোর জন্ম রোহতাকে বড় হয়েছেন – দিল্লীতে। তালিম পেয়েছেন ওস্তাদ চাঁদ খান নামে একজন শাস্ত্রীয় সঙ্গীত শিল্পীর কাছে। ১৯৫২ সালে ১৭ বছর বয়েসে বিয়ের পরে তিনি পাকিস্তানে চলে যান। স্বামীর উৎসাহে তাঁর গান গাওয়াতে কোন ব্যাঘাত ঘটেনি। ইকবাল বানো ছিলেন ফয়েজ আহমেদ ফয়েজের লেখার ভক্ত। দুজনের মধ্যে খুব সুন্দর বন্ধুত্ব ছিলো।

১৯৭৭ সালে জিয়া উল্ হক ক্ষমতায় এলে তিনি পাকিস্তানের মানুষের ওপর নানা ধরণের শরীয়তী নিয়ম চালু করেছিলেন।

"On 5 July 1977, General Zia-ul-Haq led a coup d'état. In the year or two before Zia-ul-Haq's coup, his predecessor, leftist Prime Minister Zulfikar Ali Bhutto, had faced vigorous opposition which was united under the revivalist banner of *Nizam-e-Mustafa* ("Rule of the prophet"). According to supporters of the movement, establishing an Islamic state based on *sharia* law would mean a return to the justice and success of the early days of Islam when the Islamic prophet

Muhammad ruled the Muslims. In an effort to stem the tide of street Islamisation, Bhutto had also called for it and banned the drinking and selling of wine by Muslims, nightclubs and horse racing.

On coming to power, Zia went much further than Bhutto, committing himself to enforcing *Nizam-e-Mustafa*, i.e. *sharia* law. Most accounts confirm that Zia came from a religious family and religion played an important part in molding his personality. His father worked as a civilian official in army headquarters and was known as − "Maulvi Akbar Ali" due to his religious devotion." (Wikipedia)

সেই সময় পাকিস্তানে ফয়েজ আহমেদ ফয়েজের লেখা কবিতা পাঠ বা গান গাওয়া বন্ধ করে দেওয়া হয়েছিলো।

প্রতিবাদ এলো ইকবাল বানোর কাছ থেকে। ১৯৮৫ সালে লাহোর স্টেডিয়ামে তাঁর গানের অনুষ্ঠান। ৫০ হাজারের মতো মানুষ এসেছিলো তাঁর গান শুনতে। মঞ্চে এলেন কালো রঙের শাড়ী পরে এবং প্রথমেই বললেন – "আদাব। দেখুন আমি তো ফয়েজের গজল গাইবো, যদি আমাকে গ্রেস্তার করা হয়, তবে জেলের মধ্যেও আমি শাসক-দলকে (হুকুমরান) ফয়েজের গান শোনাবো।"

সভাগৃহ নিস্তব্ধ হয়ে গেলো।

ইকবাল বানো গান শুরু করলেন –
          "হম্ দেখেঙ্গে লাজিম হ্যয় কে হম্ দেখেঙ্গে
           উয় দিন কা জিস্ কে ওয়াদা হ্যয় –"

যখন গাইছেন –
"সব্ তাজ উছালে যায়েঙ্গে – সব্ তক্ত গিরায়ে যায়েঙ্গে" –
গায়ে কাঁটা দিয়ে ওঠে।

ইকবাল বানোকে শাস্তি পেতে হয়েছিলো বৈকি। তবে তাতে করে তাঁর জনপ্রিয়তা আরও বেড়ে গিয়েছিলো।

কবিতার ক্রমসূচী

9 798888 704876 5